传统文化涵养下大学生
管理工作研究

吕连鹏◎著

吉林出版集团股份有限公司
全国百佳图书出版单位

图书在版编目（CIP）数据

传统文化涵养下大学生管理工作研究 / 吕连鹏著. -- 长春：吉林出版集团股份有限公司, 2022.11
ISBN 978-7-5731-2874-4

Ⅰ.①传… Ⅱ.①吕… Ⅲ.①大学生—高校管理—研究—中国 Ⅳ.① G645.5

中国版本图书馆 CIP 数据核字 (2022) 第 234590 号

传统文化涵养下大学生管理工作研究
CHUANTONG WENHUA HANYANG XIA DAXUESHENG GUANLI GONGZUO YANJIU

著　　者	吕连鹏
责任编辑	宋巧玲
封面设计	李　伟
开　　本	710mm×1000mm　　1/16
字　　数	200 千
印　　张	11
版　　次	2023 年 9 月第 1 版
印　　次	2023 年 9 月第 1 次印刷
印　　刷	天津和萱印刷有限公司

出　　版	吉林出版集团股份有限公司
发　　行	吉林出版集团股份有限公司
地　　址	吉林省长春市福祉大路 5788 号
邮　　编	130000
电　　话	0431-81629968
邮　　箱	11915286@qq.com
书　　号	ISBN 978-7-5731-2874-4
定　　价	51.00 元

版权所有　翻印必究

作者简介

吕连鹏　男，毕业于曲阜师范大学，2006年到烟台南山学院工作，曾获烟台南山学院先进教育工作者、烟台南山学院优秀共产党员、学校特殊贡献奖等荣誉称号。公开发表论文多篇，获全省高校学生教育与管理工作优秀科研成果二等奖。

前 言

　　文化的发展是历史传统与时代精神不断调和、适应的过程。中国传统文化源远流长、博大精深，孕育了中华民族宝贵的精神品格，培育了中华民族崇高的价值追求，是支撑中华民族生生不息、薪火相传的精神力量，是实现中华民族伟大复兴的强大精神动力。大学生是中国特色社会主义事业的建设者和接班人，是实现中华民族伟大复兴的中流砥柱。大学生对中国传统文化的把握和领悟，在中国传统文化的传承与发展过程中发挥着重要的作用，关系到中华民族伟大复兴中国梦的顺利推进和国家文化安全。

　　大学生是国家和民族的未来，教育和培养好他们是建设社会主义伟大事业的根本要求，高等院校担负着培养中国特色社会主义现代化事业的合格建设者和可靠接班人的历史重任。一流的大学需要一流的管理，一流的管理决定一流的质量。高校要以科学管理提高办学质量。大学生管理是高校培养德智体全面发展人才的重要组成部分，也是高校管理的重要内容。

　　大学生管理是高校教育教学工作的重要组成部分，也是一门应用科学，是一个理论性和实践性都很强的科研课题，它涉及政治、经济、文化和教育等诸多方面。在传统文化涵养下对大学生管理工作进行研究，是高校实现培养合格人才目标的迫切需要，是大学生管理工作实现科学化和高效化的迫切需要，是21世纪我国高校管理体制改革和发展的必然要求。

　　全书共分为四章。第一章为文化及中华传统文化，包括中华传统文化、传统文化的基本精神与特征、传统文化的思维方式与德育价值；第二章为大学生管理的主要内容，包括大学生管理的内涵与性质、大学生管理的理念与原则、大学生管理的过程与方法、大学生管理的价值；第三章为中华优秀传统文化与大学生管理的融合，包括中华传统文化蕴含的管理思想、中华传统文化与大学生管理融合的必要性、中华传统文化融入大学生的日常生活的途径；第四章为传统文化在大学生管理工作中的应用，包括"以人为本"的管理理念、"因材施教"的管理方针、

"无为而治"的管理策略。

在撰写本书的过程中,作者得到了许多专家、学者的帮助和指导,参考了大量的学术文献,在此表示真诚的感谢。由于作者水平有限,书中难免会有疏漏之处,希望广大同行和读者及时指正。

吕连鹏

2022 年 8 月

目 录

第一章 文化及中华传统文化 ·············· 1
 第一节 中华传统文化 ················ 1
 第二节 传统文化的基本精神与特征 ········ 16
 第三节 传统文化的思维方式与德育价值 ······ 30

第二章 大学生管理的主要内容 ············· 46
 第一节 大学生管理的内涵与性质 ·········· 46
 第二节 大学生管理的理念与原则 ·········· 69
 第三节 大学生管理的过程与方法 ·········· 77
 第四节 大学生管理的价值 ·············· 93

第三章 中华优秀传统文化与大学生管理的融合 ···· 106
 第一节 中华传统文化蕴含的管理思想 ······· 106
 第二节 中华传统文化与大学生管理融合的必要性 ·· 128
 第三节 中华传统文化融入大学生的日常生活的途径 · 146

第四章 传统文化在大学生管理工作中的应用 ······ 154
 第一节 "以人为本"的管理理念 ··········· 154
 第二节 "因材施教"的管理方针 ··········· 157
 第三节 "无为而治"的管理策略 ··········· 162

参考文献 ························· 166

第一章 文化及中华传统文化

本章为中华传统文化概述,分别从中华传统文化的概念、基本精神与特征、思维方式与德育价值三个方面进行详细的阐述。

第一节 中华传统文化

一、文化的界定

(一)文化的含义

1. 文化的基本概念

文化的概念延伸比较广泛,源远流长。在汉语词典中,文化的含义大概有三个方面:第一个方面指人类在社会历史发展过程中所创造的物质财富和精神财富的总和,特指精神财富,如文学、艺术、教育、科学等;第二个方面指运用文字的能力以及一般知识;第三个方面指同一个历史时期的不以分布地点为转移的遗迹、遗物的综合体。根据1989年《牛津现代高级英汉双解词典》的定义,文化指广泛的知识以及将之活学活用与根植内心的修养。

英国剑桥大学威廉·雷蒙教授认为,文化是在对人心灵的培养这一理解的基础上发展起来的,文化指人类的兴趣、活动及影响,包括人心灵发展的过程、状态、手段、方法等,以及具有实用性的概念框架。文化是描述性的,不具有价值判断。

美国著名人类学家克鲁伯认为,文化是一套在一定时间里流行于某一群体的行为模式。文化在这个方面的概念被运用到人类学、社会学、教育学、心理学、政治学等领域。

2. 文化的不同内涵

广义的文化指人类创造的物质财富和精神财富，是人类社会的积淀。这其中，物质文化包括自然文化、经济文化、军事文化、建筑文化等。精神文化包括政治、宗教、文学、艺术、教育、科学、伦理、哲学等。

广义文化的概念很广泛，可以说是人类立足于自然界独特的生存法则，着眼于人类与其他动物的本质不同。

狭义的文化不包括人类物质创造活动及其结果，特指精神活动及其结果。

（二）文化的属性

1. 社会性

文化具有社会性，属于一种社会文化形态，包括物质和精神两方面。因社会载体的不同，文化呈现不同状态。

2. 民族性

民族性与民族的产生、发展联系紧密，文化的民族性主要表现在以下方面：

首先，文化的民族性体现出一定的民族特色。不同民族特色组成不同的文化。

其次，文化的民族性反映出一定的历史传统。中国历史传统具有深厚的文化积淀，传承下来的文化富有历史色彩。

最后，文化的民族性体现出一定的宗教信仰特点和语言特点。人与人的信仰差别很大，比如，有的人信佛、道等，有的人则信仰基督教、天主教、伊斯兰教等。

3. 阶级性

不同的统治阶级为了维护自己的统治，会产生不同的文化方式。只要有统治阶级，文化就有阶级性。

（三）文化的功能

1. 文化是根基

一个国家、民族、组织的根基就是文化。文化的根基作用主要体现在以下方面：

首先，文化可以产生物质财富。物质财富的生产需要靠知识、技术、掌握知识的人。

其次，文化是精神财富的根。思想的形成是精神财富的一部分，其来源是文化。从教育、科技方面生长出精神财富。文化产生了科学和教育。两者促进了文化的发展。

2. 文化是土壤

文化是人类精神发展孕育出来的产物，任何文化的生长都需要物质来孕育。文化是土壤表现在以下两个方面：

首先，优秀的传统文化是一个民族赖以生存的条件。优秀的制度、道德、思想等经过不断完善、发展，可以为民族文化提供源源不断的生命力与养料，优秀的文化土壤可以培养出优秀的文化传统。

其次，优秀的传统文化是一个民族精神的土壤。民族精神是在文化的土壤里孕育出来的宝贵产物。在文化的土壤中，民族精神不断得到发展和更新。

3. 文化是力量

文化是一种影响国家、民族的巨大力量，可以推动一个国家或民族的发展。

首先，文化有利于增强民族的凝聚力。如果组织成员认同一种文化，就会产生归属感和自豪感，愿意为了文化的发展添砖加瓦，为维护文化的自尊而贡献力量，完成特定的使命。

其次，文化有利于提升民族的抗击力。文化的独立具有防御功能，有利于抵制外来因素的侵扰。民族独立性的形成依赖于文化，独立的文化有助于增加我们的抗侵扰能力。

（四）文化的分类

依据结构和范畴来划分，文化具有广义和狭义两个概念。广义文化和狭义文化的概念在上文中已经提到。从文化的多样性以及复杂性方面，可大致将文化分为三个方面，即物质文化、制度文化和心理文化。物质文化是可见的显性文化；制度文化和心理文化包括生活制度、价值观念、家庭制度、社会制度、思维方式、宗教信仰、审美情趣等，属于不可见的隐性文化。文化分为物质文化和非物质文化两大类。

1. 物质文化

物质文化包含生产工具和劳动对象等，指人类在发展、创造中发掘的技术、物质产品。物质文化联系社会经济生活的组织方式，通过经济、社会、金融和市场基础设施显示出来。能源、通信、交通等属于经济基础设施范畴；住房、教育等属于社会基础设施范畴；金融和市场的基础设施包括为企业服务的机构。一般来说，在自然状态下存在的物质不属于物质文化的范畴。

2. 非物质文化

非物质文化指那些有艺术、历史价值的非物质形态的东西，包括人类在实践过程中创造的各种精神文化，如少林武术、中华刺绣等。无论是非物质文化，还是物质文化，文化的核心都是人。文化由人类创造出来，是人类智慧、创造力的体现。人类是文化的创造者和享受者。人虽然需要受到文化的约束，但是在文化中永远是主动的。我们了解和研究文化就是研究人的创造思想、行为、心理及成果。

（五）文化的功能

文化在不同的范围和层面有不同的功能，具体有以下几个方面：

1. 整合功能

文化可以把其他文化中的各个要素有效整合，协调成员的行动。文化为群体中不同成员的沟通和交流搭建起桥梁，整合不同的性格和思想，促进它们更好地合作和达成共识。

2. 导向功能

文化给人们的行动提供了一定的方向以及可以选择的方法。例如，人们通过共享文化可以知道何种行为在对方眼里是合适、积极、可被接纳的，文化能够指导人们选择有效的行动。

3. 维持秩序功能

一种文化的形成、确立意味着该种价值观、行为规范的被遵从和被认可。人们在不断地学习和对共同生活经验积累的基础上形成了文化，文化经历了人们的筛选和比较。文化确立的社会秩序能在文化的作用下维持下去，这就是它维持社会秩序的功能。

（六）对文化的其他理解

不同学派对文化有不同理解，比如，存在主义认为文化是一个人或一群人存在方式的表现，它言说或表述了人类在自然、历史中的存在过程，它不仅描述一群人的行为，也感知个别人的自我心灵体验。从哲学层面来说，不同时间和地点的哲学思想特点决定了文化的不同风格。

二、传统文化的界定

(一) 传统的含义

"传统"是世代相传的东西,包括思想、行为、想象的产物等。其中,"传"字有传承、传递的含义,"统"字有连续的含义。经过一代代的积累和传递,"传统"延续到今天,影响着我们生活的方方面面。

传统文化反映民族特质和风貌,是各种观点的集合。民族有形的物质文化和无形的精神文化共同构成了自己的传统文化。

(二) 传统文化的概念和内容

传统文化作为一个大的概念,由"传统"和"文化"两个概念构成。与"现在"相对应产生"传统"。"传统"随着社会的不断进步而发展变化,过去属于"传统"的一部分,现在、未来都将属于"传统"。"传统"相对稳定,具有地域色彩,积极的"传统"可以促进社会发展,反过来,消极的"传统"会阻碍社会进步。

按照地域理解,传统文化包括中华传统文化和外国传统文化。中华传统文化综合了政治、经济、思想、艺术等内容,经历几千年形成,相对稳定。文字、语言、书法、音乐等都是中华传统文化的重要内容。

中华传统文化包括宗法、农业、血缘文化,伴随时代的发展,内容不断丰富。封建社会大家庭强调辈分和地位的等级差距,重视家族家规。我们在鲁迅先生的小说里常常看到宗法文化对封建统治和人们思想的影响。中国是一个农业大国,以农业为基础的经济形态使我国发展出与之相适应的文化制度。

(三) 传统文化的特点

中华传统文化集中体现了中华民族的思想观念、情感认同、语言习惯等,凝聚着民族的道德规范、价值导向、思想品格。传统文化历史悠久、博大精深,被中华民族代代相传,可以反映出民族特质和风貌,是民族历史上各种观念形态的总和。

1. 世代相传性

简单来讲,世代相传为传统的本义。代代传下来的文化有很多,比如大多数中国人都会写汉字、用筷子吃饭,相当多的中国人从学生时代就认得王羲之的书法，就能背诵中国的古诗，这就是在自觉或不自觉地传承着中华文化。今天，14亿中国人都在使用同一种语言和文字，都有一致的文化认同，可以看到，通过文化传承中国人所具有的力量都凝聚在一起了。

中华传统文化历史久远，是中国千百代人创造的文化成果，这种文化成果缤纷多彩、辉煌灿烂、绵延不绝，这种文化积淀在代代相传中注入了中国人的血脉，成了中国人所特有的文化基因。

2. 会通包容性

中国除汉族外，还有55个少数民族。这些少数民族在中华民族的历史上都对中华文化做出过不可磨灭的贡献。黄河流域的中原农耕文化曾经是中华文化的中心，但这种农耕文化在中华民族的历史上并不是封闭的，它和中国少数民族的文化一直处于相互碰撞、相互学习、相互融合的过程中。

对处于辉煌时期的唐朝文化来说，就相当广泛地吸收和融入了当时西域少数民族的文化。中华传统文化所具有的会通包容性还体现在中国传统哲学各学派之间的相互争鸣和相互吸收上。在中华文化史上，各种学派之间以及每个学派内部，都存在着既相互独立又相互吸引的情况。对于外域文化，中华文化也体现了充分的开放性与包容性。

3. 形态稳定性

中华文化在发展中不断地以开放的胸怀吸收他人之所长，但同时它又一直保持着自身形态的稳定性，这也可以说是一个奇迹，表明中华文化有强大的生命力和凝聚力。中华文化之所以能够既吸收别人，又不改变自己，成为一种保留在中华民族中间具有稳定形态的文化，取决于它独特的内涵和精神。中华传统文化的基本精神主要有以下几个方面：

一是中华民族是以刻苦耐劳著称于世的，表现在文化上就是"刚健有为""自强不息"。

二是中华民族追求和平，热爱和平，表现在文化上就是"天人合一""和而不同"。

三是中华民族是崇礼尚文的民族，表现在文化上就是"人文化成""厚德载物"。

四是中华民族是充满辩证智慧的民族，表现在文化上就是"刚柔相济""阴阳协调"。中华民族的这些基本精神渗透和表现于中国传统文化方方面面的内容与形式当中，使中华传统文化成为既能自我更新，又具有相对稳定形态的文化体系。

4. 内容丰富性

中华传统文化之所以有力量，在于它不但有充满道德智慧的精神与灵魂，而且有多层面的丰富内容作为它的血肉和载体，使古往今来每一个中国人无不生存和生活于中华传统文化中。它无所不在，无处不有。礼仪制度、传统道德、宗教信仰、文学艺术、教育科技、琴棋书画、汉语汉字、音乐舞蹈、戏剧戏曲、中医中药、养生健身、武术功夫、美食餐饮、服装服饰、风俗习惯、建筑园林、铸造雕刻、瓷器玉器等，在广义上都可以说是中华传统文化，或者可以说是中华传统文化的体现。

在中国各民族的生活方式中，处处渗透着文化，像姓名文化、属相文化、生日文化、节气文化、节庆文化、成语文化等，可以说无处不文化。正因为它具有人们喜闻乐见的形式，才使得基本精神与价值观在潜移默化中渗透到中国人的血脉当中。

（四）传统文化的影响

传统文化的影响可以分为横向的影响和纵向的影响。横向的影响指中华传统文化和外国文化之间的交流而产生的影响，纵向的影响指传统历史文化对于现代文化的影响。从横向来看，中华传统文化对国外其他国家产生了深远影响。在中国历史上，各个时期都有中华传统文化对世界产生影响的典型事例。比如，公元7世纪朝鲜在其京都讲授儒家经典。培根也给予了中国发明高度评价。在当今时代，孔子学院遍布世界各地，中华传统文化将持续、广泛、深远地影响着外国文化。

从纵向来看，传统文化对现代文化的影响可以分为积极影响和消极影响。封建文化的核心是儒家思想，封建文化追求"德治"，重视"人治"，儒家思想是封建社会的正统思想。虽然儒家思想有一些局限性，但是"仁、义、礼、智、信"的文化内涵具有积极意义。在封建社会，人与人是不平等的，不同等级的人一般不通婚，讲究门当户对，男尊女卑的观念也一直存在。忠君的思想在封建时代一直被推崇，直到辛亥革命结束了2000多年的封建帝制。中华传统文化中的一些糟粕虽然在历史发展中已经被逐渐抛弃，但在某些时候仍对人们有着一定的影响。

三、中华优秀传统文化的功能与解读

（一）中华优秀传统文化的含义

中华传统文化包含中华优秀传统文化，两者之间是整体与部分的关系，传统文化中有积极意义的精华部分被称为中华优秀传统文化，它是对中华历史的记录与传承，是对人类精神、社会文明的思考与总结。文化凭借它独有的魅力记录着历史，推动着历史，改变和传承着历史。

中华优秀传统文化可以激发民族自信心和自豪感，鼓励人们前进，反映中国社会健康的精神方向，有很强的生命力，具有持续性和稳定性。中华优秀传统文化在当代的表现为自强不息的奋斗精神、厚德载物的博大胸襟、崇德重义的精神境界、团结统一的价值方向。

（二）中华优秀传统文化的道德力量

1. 正心修身

（1）勤劳节约

中华民族勤劳、勇敢，万里长城、大运河、都江堰等伟大工程是我们民族辛勤劳动的见证。在中华文化历史上，流传着许多用劳动改变大自然的动人心弦的故事。

热爱劳动是立身、安家、兴邦的根本。中国古代伟大的医药学家李时珍就是一个把热爱劳动这一美德发扬光大的人。我国古代人民很懂得劳动的重要性。墨子认为，劳动是人与动物的根本差别。人跟动物不同，人类如果想要生存下去，必须自食其力。勤劳的美德是开源，节约的美德是节流。勤劳节约让人类积累了大量的物质财富和精神财富，帮助中华民族历经磨难依然屹立在世界的东方。

作为中华民族一直持有的传统美德，节俭影响着我们历代人的行为，崇尚节俭在物质财富相对富足的今天仍然适用。我们应该培养节俭的美德，因为只有具备了这一美德，才能不为物欲所羁绊。纵观古今，凡是留名青史的人，都拥有节俭这一美德。

（2）明礼诚信

《论语》中说"民无信不立"①，这句话被后人归纳为中华传统美德之一，即明礼诚信。

中国之所以有礼仪之邦、文明古国的美誉，就是因为自古以来，中国特别讲究隆礼。这里所谓的"礼"指的是"礼仪""礼貌""中和""谦敬"。《礼记》上还专门有这样的规定："入境而问禁，入国而问俗，入门而问讳。"②意思是说进入一个地区，先要问当地的法制禁令；进入一个国家，先要问该国的风俗习惯；进入别人家里，先要问主人有什么忌讳。

"明礼"和"诚信"两者存在密切联系。"诚信"只有通过"礼仪"才能真实地表达出来；"明礼"只有通过"诚信"的本质，才能免于虚伪。"忠信，礼之本也。义理，礼之文也。无本不立，无文不行。"③古人把"忠信"看作"礼"的本质。"诚"于内而"礼"于外，是对两者关系最恰当的解说。

在"诚信"这个词语中，"诚"指诚恳、诚实，"信"指信用、信任。"诚"和"信"合在一起，就是指做人要忠厚，信任他人，也让他人信任自己。

（3）浩然正气

根据孟子的观点，浩然之气是刚正之气，是大义大德造就的一身正气。更加直接一点，就是骨气和节操，中国人最注重这两点，正所谓"三军可夺帅也，匹夫不可夺志也"④。《荀子》一书中说："大节是也，小节是也，上君也；大节是也，小节一出焉，一入焉，中君也；大节非也，小节虽是也，吾无观其余矣。"⑤从修身的角度而言，小节无疑也是重要的，在小的事情上能够让自己的行为符合道德要求，是个人美德的具体体现。但从政治生活而言，古人更注重的是大节。因此，大节是指一个人对国家、君主忠诚与否，小节则是指一个人在生活中个性品德的好坏。

气节一直是古代思想家推崇的精神力量，属于一种崇高的美德。孟子认为，坚持道义到一定高度，自然会产生一种至刚的力量，鼓舞人们勇毅前行。那么，

---

① 樊登.樊登讲论语先进[M].北京：联合出版有限责任公司，2021：74.
② 张定浩.孟子读法[M].南京：译林出版社，2020：39.
③ 顾易.从礼记看中华礼仪文化[M].广州：暨南大学出版社，2020：46.
④ 张祥斌.古文名句分类解析[M].长沙：岳麓书社，2014：13.
⑤ 张赪编，崔希亮.汉语简史[M].北京：北京语言大学出版社，2016：323.

我们应该具备哪些气节呢？

首先，每个人都有自己的尊严和人格，尽管人格表现出明显的不同，但人们在评价它时总会有一些共同的标准。这些共同的标准就是人格的尊严和独立。其次，人应该有正义感，可以为了正义不惜牺牲一切，大义凛然。最后，人应该维护民族和国家的利益。

2. 与人为善

中国人始终把人际关系当作人生中的一件大事，围绕着这件大事，产生了诸多传统美德。这些美德主要有以下四种：忠、孝、仁、义。这四种美德分别规范了中国传统社会中最为重要的四类人际关系，其中孝是处理家庭生活中各种关系的基本准则；忠是处理个人与社会、国家关系的道德规范；仁是讲人与亲朋、个人与陌生人、上级与下级之间的相处之道；义是处理人际关系，尤其是利益关系的道德要求。

忠、孝、仁、义这四种基本道德规范，是中国传统社会道德生活的基石。在此基础上，传统道德的其他规范得以建立和发展。总体而言，这四种传统道德的终极目标可归纳为四个字，那就是与人为善。

（1）尽己之谓忠

《论语》中"三省吾身"的第一省"为人谋而不忠乎"[1]，说的就是替别人做事时，有没有不尽自己心力去做的时候啊？在这里，"忠"是尽心竭力的意思。"忠"还表现为尽职尽责，认真做好自己的本职工作。最后，"忠"表现为忠于民族和国家，将个人命运与祖国、民族的命运紧密相连，时刻关心国家和民族的命运。

（2）孝为人本

孔子说，孝是为人之本。《孝经》更是把"孝"提到了无与伦比的高度："夫孝，天之经也，地之义也，民之行也。"[2]

"孝"不仅仅是一种美德，它还是做有道德的人的根基。《论语》中有这样一段话："君子务本，本立而道生。孝悌也者，其为仁之本与！"[3]由此可知，孝顺父母是做人的根本，连养育自己的父母都不孝顺，那这个人还能对得起谁呢？

---

[1] 金鸿儒. 国学十二道 [M]. 北京：民主与建设出版社，2017：193.
[2] 张喜才. 孝经的教育智慧 [M]. 北京：中国商业出版社，2018：7.
[3] 李江. 中国传统福文化研究 [M]. 北京：中国轻工业出版社，2019：37.

或许正是受这种思想的影响,古人将"孝"界定为诸德之本,国君可以用"孝"治理国家,臣民能够用"孝"立身理家。由于对"孝"的这种推崇,所以在中国古代选举官吏时,孝顺父母是一条重要的道德标准,汉代的董仲舒就说"求忠臣必于孝子之门"。

（3）仁者爱人

中华传统文化中分量最重的一个字是"仁"。"仁者爱人"中的"爱人"就是仁,是中华传统道德的精髓。这一传统美德要求我们在日常生活中、与人打交道时要常怀一颗爱人之心,与人为善。因此,爱人应当是真实的、发自内心的想法,虚伪就是不仁。

"仁"有很多种表现形式,比如杀身成仁、仁政爱民、不拘小节,其核心在于推己及人。所谓推己及人,就是设身处地为别人着想,这就是最高尚的仁。推己及人的对象主要有两个层面：一是自己身边的人；二是整个社会中的人群。

在日常生活中,人们将心比心,不损害他人。你自己不愿意做的事情,不能要求其他人去做或者替你去做。作为子女,我们自己在家里不愿意干的活儿,不应该要求父母替我们去干；作为朋友,我们自己不愿意做的事情,不应该要求他人帮助我们去做；作为社会的一分子,我们自己不愿意尽的责任,不应该要求他人对我们履行或替我们尽责。

"己欲达而达人,己欲立而立人"[1]则要求人们将心比心,积极利人、助人,给他人以机会和力所能及的帮助。你自己想在困难的时候获得别人的帮助,那么在别人困难的时候,就应该去帮助他人；你自己想获得成功,那么就应该帮助他人获得成功,至少是不阻碍他人获得成功；你自己愿意成为一个善良的人,那么就应该创造条件去帮助他人培养他的善良本性。

"穷则独善其身,达则兼济天下"[2]是古代知识分子的理想人格和道德标准。这句话的意思可以理解为当一个人能力有限时,应尽力提升自己的修养；能力较强时,那么就要努力为天下人造福。概言之,"恕道"的基本思想是用自己的感受去理解他人的感受,用自己的品德帮助别人的品德成长,懂得换位思考。

---

[1] 丁启阵. 孔子真相 [M]. 北京：企业管理出版社, 2017：77.
[2] 卢孟来. 古典散文美化口才上 [M]. 呼伦贝尔：内蒙古文化出版社, 2009：60.

（4）义在利先

①"义"为宜，是一个人适合做的、应当做的事情。古人多以"宜"来解释"义"。事得其宜之谓"义"，"义者，事之宜也"，而"宜"在古代就是应当的意思。面对一件事，采取最为适宜、恰当的行动，做出最为合理的反应，便是"义"。当我们看到歹徒正在行凶，当事人生命受到威胁时，挺身而出，采用一定的行动加以阻止，这就是"义"，否则就是不义。"义"的要求超越对个人利益的考量，关注的是应不应该，而不是个人利益的大小。一旦考虑了利益的大小，那就是利在"义"先了。

②"义"要求做出的行为，是一个人在特定环境下应该做出的行为，这种行为本身应当是以对是非善恶的正确判断为前提的。现在生活中流行一个词叫作"讲义气"，但古人早就说过，"义"的道德要求是一定不能违背善。对于朋友的正当需求，我们当然应该倾力相助，但如果朋友想做的事情是违法或不道德的，我们就有义务维护道德和法律的尊严。孟子说："言不必信，行不必果，唯义所在。"[①]我们遇到的事、许给别人的诺言，不一定是必须履行的，关键是看这些事情和诺言是否符合道德和法律的要求。"义"要求的是做好人，而不是做一个为了所谓"义气"作奸犯科的愚人。

③"义"的要求因人的身份、职业而有所不同。所谓"义"者，"为人臣忠，为人子孝，少长有礼"[②]。前面两条已经说过，现在重点讲述"少长有礼"。在古人的传统道德规范中，"待人以礼"是相当重要的，对任何人都应该以礼相待。尊师重教就是其中之一的礼，也是中华民族的传统美德。

3. 君子怀德

在中国传统文化中，君子人格是每个人都可以通过修德获取的人格，君子境界也是每个人都能到达的境界。仅仅从人格来讲，具备前面所讲的美德就是"内圣"，但只有具备隐忍、知耻、无私，才可以做到"外王"。

（1）隐忍

中华民族是一个极具坚忍力的民族。儒家特别看重"忍"，《论语》中多处记载孔子论"忍"，如"小不忍则乱大谋"[③]，意思是小事不能忍让就会破坏大事情。

[①] 方勇，高正伟. 孟子鉴赏辞典[M]. 上海：上海辞书出版社，2012：209.
[②] 李卫锋. 品德修养谚语[M]. 太原：山西经济出版社，2020：53.
[③] 徐亚斌. 论语中的成语解读[M]. 上海：上海社会科学院出版社，2021：112.

中国传统典籍中有很多关于"忍"的论述。中国民间对"忍"的理解更是别有趣味。

（2）知耻

对于知耻，我们应该明确以下三个问题：

首先，知耻必先知善。中国古人很重视独立人格的培养，认为人人都有自己的价值，都有行仁德的能力，强调"人人有贵于己者"[①]。我们以礼来节制自己，以广德之心为人处世，就会成为正直的人。

没有高尚品德的人只会为自己的个人私利算计，且不会感到羞耻，所以一个人需要努力做到心怀坦荡、严于律己，知道什么是"善"，方能知什么是"耻"，在此基础上，才可以做到言行一致。

其次，知耻必先自知。知耻需要发自内心，需要主动进行；知耻需要做好自己的权衡与选择；知耻需要认识、了解自己。看清楚自己，认知自己的优点和缺点，了解自己的责任与位置，这样才能知道"耻"的内容，勇于改正问题。

最后，知耻后必有行动。我们常说"知错要改"，知耻后也一定要有相应的行动，停留在心中的"知耻"是于事无补的。

（3）无私

儒家从天人合一的思想中总结出"无私"，它是道德的重要组成部分。《道德经》用辩证法的思路指出："非以其无私邪，故能成其私。"[②]意思是只有你"无私"，才能获得"自私"；只要你"无私"了，"自私"自然不请自来。在中国人的心灵深处，"无私"历经千百年的发展，已经成为传统文化的一部分。

总之，中华优秀传统文化的本质包含民族精神，它协调、推动民族的生存和发展，是一个民族凝聚力、创造力的表现，也是一个民族生存发展的核心基础和灵魂。优秀传统文化与民族精神相互交融，密不可分。

中华民族的伟大复兴需要优秀传统文化的支持，优秀的传统文化传之久远，让我们民族更有底气和信心，可以提升我们的思维能力。

中华优秀传统文化在世界文化中独树一帜，它对整个世界文化的发展也产生了重大的影响。高校青年学生作为发展中华优秀传统文化的主力，必须相信优秀传统文化的力量，充满自信，以昂扬的斗志推进事业的发展。

[①] 张定浩.孟子读法[M].南京：译林出版社，2020：398.
[②] 南怀瑾.老庄中的名言智慧[M].上海：上海人民出版社，2019：16.

（三）中华优秀传统文化的现代解读

1.滋养着中国特色社会主义

"中国特色"是自古以来中国独有的、彰显中国风格气派的、由中国这个特定的具体的环境所创造的。独特的文化传统，独特的历史命运，独特的基本国情，注定了我们必然要走适合自己特点的发展道路。这就是中国特色社会主义道路。这条道路是中国共产党带领中国人民历经千辛万苦、付出巨大代价开辟出来的，是被实践证明了的符合中国国情、适合时代发展要求的正确道路。

宣传阐释中国特色，要讲清楚国家和民族的历史传统、文化积淀、基本国情的不同，其发展道路必然有着自己的特色；讲清楚中华文化积淀的中华民族最深沉的精神追求，是中华民族生生不息、发展壮大的丰厚滋养；讲清楚中华优秀传统文化是中华民族的突出优势，是我们最深厚的文化软实力；讲清楚中国特色社会主义植根于中华文化沃土、反映中国人民意愿、适应中国和时代发展进步要求，有着深厚历史渊源和广泛现实基础。这四个"讲清楚"，深刻阐释了中国特色社会主义根植于中华优秀传统文化、中华优秀传统文化助力中国特色社会主义建设的辩证统一关系。

建设中国特色社会主义，是深深植根于人民群众的历史创造活动，是继承发扬中华优秀传统文化的表现，通过吸收世界文化精华，形成了社会主义内容和中华民族形式相结合的全新的文化。中国特色社会主义建立在马克思主义的普遍真理上，把马克思主义与中国国情结合起来，走自己的道路。

中华优秀传统文化中的许多思想观念与马克思主义有相通互近之处。具体而言，中华优秀传统文化中的"力行"思想、"治国平天下"理念、"中庸"理论、"大同"社会理想分别与马克思主义的实践学说、改造世界学说、唯物辩证法、共产主义学说有着明显的契合之处。正是这些相通之处奠定了中华民族接受马克思主义的文化基础，促进了中国特色社会主义理论体系的形成。中国特色社会主义理论不仅源于马克思主义，也源于中国传统文化，是马克思主义基本原理同中国实际相结合的产物。这些内在的思想会通，既为中国共产党和中国人民接受马克思主义提供了可能，也为马克思主义中国化提供了现实土壤。所以，在建设中国特色社会主义的过程中，不仅需要马克思主义理论的科学指导，还需要中华优秀传统文化的滋养。

2. 社会主义核心价值观的源泉之一

中华优秀传统文化是中华民族的精神命脉，是涵养社会主义核心价值观的重要源泉，也是我们在世界文化激荡中站稳脚跟的坚实根基。中国共产党人明确指出了社会主义核心价值观植根于中华优秀传统文化，中华优秀传统文化为培育社会主义核心价值观提供了丰富的思想资源的辩证关系。

中华优秀传统文化已经成为中国文化的基因，植根在中国人内心，潜移默化影响着中国人的行为方式。我们正在构建社会主义核心价值观，其中一些重要内容就是源于中华文化。社会主义核心价值观之所以源于中华优秀传统文化，不仅因为中华优秀传统文化内涵丰富，更因为其适合中华民族的发展并与时俱进，持久地维系着中华民族。

因此，培育和践行的社会主义核心价值观必然折射出中华优秀传统文化。中华优秀传统文化中"实干兴邦"的治国理念，"兼听则明"的民主思想，"以和为贵""和而不同"的发展道路，"天下大同"的社会理想，"礼法合治"的治国策略，"精忠报国"的爱国情怀，"敬业乐群"的职业操守，"己所不欲勿施于人""与人为善"的处世之道，"择善而从""仁者爱人"的道德修为，都为倡导和践行社会主义核心价值观提供了思想基础与力量源泉。

培育和弘扬核心价值观，有效整合社会意识，是社会系统得以正常运转、社会秩序得以有效维护的重要途径，也是推进国家治理体系和治理能力现代化的重要方面。历史和现实表明，构建具有强大感召力的核心价值观，关系社会和谐稳定，关系国家长治久安。其中揭示的就是"源头活水"的道理，表明社会主义核心价值观发源于我国的优秀传统文化，为中国建设特色社会主义、健全治理体系、提高治理能力服务。中华优秀传统文化和社会主义核心价值观在治国理政中的重要作用在此凸显出来。

3. 中华传统美德的资源宝库

国无德不兴，人无德不立。必须加强全社会的思想道德建设，激发人们形成善良的道德意愿、道德情感，培育正确的道德判断和道德责任，提高道德实践能力，尤其是自觉践行能力，引导人们向往和追求讲道德、尊道德、守道德的生活，形成向上的力量、向善的力量。只要中华民族一代接着一代追求美好崇高的道德境界，我们的民族就永远充满希望。这些论断不仅从理论层面阐释了思想道德建设对于个人的重要性，更深刻揭示了保持中华传统美德的优良传统对于国家富强、民族振兴的重要价值。

道德是文化的一种，属于精神层面，以文化为载体，中华优秀传统文化里必然蕴藏着中华传统美德。中华文化源远流长，积淀着中华民族最深层的精神追求，代表着中华民族独特的精神标识，为中华民族生生不息、发展壮大提供了丰厚滋养。中华传统美德是中华文化精髓，蕴含着丰富的思想道德资源，为当今中国加强道德建设奠定了基石。

2000多年前，中国就出现了百家争鸣的盛况，老子、孔子、墨子等思想家上究天文、下穷地理，广泛探讨人与人、人与社会、人与自然关系的真谛，形成了博大精深的思想体系。他们提出的很多理念，如孝悌忠信、礼义廉耻、仁者爱人、与人为善、天人合一、道法自然、自强不息等，至今仍然深深影响着中国人的生活。中国人看待世界、看待社会、看待人生，有自己独特的价值体系。我们中国人不仅强调道德建设的重要性，而且指出道德建设要充分借鉴中华传统美德的必要性。那些在中华传统文化熏陶下的伟大思想家，提出了许多深远的思想理念。这种层层递进的逻辑论证，意在强调当下在社会主义道德建设的进程中必须充分汲取中华传统美德的丰厚养分，以此彰显中华优秀传统文化在当代的重大价值。

第二节　传统文化的基本精神与特征

一、中华优秀传统文化的基本精神

钱穆先生在《中国文化精神》中开宗明义，中国文化精神应称为道德的精神。在《民族与文化》中，他更为具体地提出，中国传统文化乃是一种人道精神、道德精神。

中华传统文化的基本精神，是指在中华传统文化影响下，长期受到人们尊崇、影响人们的思维和行为方式，并彼此之间不断进行借鉴和整合的思想观念，是指导中华民族长期发展、不断前进的精粹思想。

中华传统文化的基本精神是中华民族在几千年历史发展和文化继承中逐渐形成的、普遍遵从并被普遍认可的价值取向，是中华民族不断发展和前进的动力，是中华民族战胜和克服一切困难的精神支柱和力量源泉。

中华传统文化的基本精神，可以概括为以下七个方面：

（一）以人为本的精神

以人为本的精神是一种以人为对象和中心的文化精神。以人为本，即把人类的生存和需求作为出发点。与其他事物相比，人更重要、更根本，以人为本是万事万物的开端，在人类的活动中，始终强调人的重要性，强调人的物质和精神需求的合理性。纵观中外文化发展的过程，与古希腊、古印度的文化相比，中华传统文化中神本主义始终不占主导地位，而以人为本的精神成为中华传统文化的基本精神。

孔子一直主张以人为本的思想，他首先肯定人的作用与价值，认为"我"是人，唯有人有"我"的自觉。孔子特别提出一个"仁"字，奠定了古代社会的人伦基础和道德规范。

《易经》云："是以立天之道，曰阴与阳；立地之道，曰柔与刚；立人之道，曰仁与义；兼三才而两之，故《易》六画而成卦。"[1] 意思是构成天、地、人的都是两种相互对立的因素，天、地、人由这些互相依存又互相对立的因素和合而成，缺一不可，而卦是其中象征自然现象和人事变化的一系列符号，天道之性为阴阳，地道之性为柔刚，人道之性为仁义。

西方古典文化是以神为上，体现的是神本主义文化，这种神本主义文化有着十分突出的宗教思想。当今学者普遍认为，人类精神以神话开始，以宗教发展为延续，而宗教的产生和发展，对社会道德的提升和人类文明的发展产生了很大的作用，这正是宗教的基本功能。在封建时代，很多国家和民族都处于宗教的统治之下，宗教成为治理国家和促进百姓道德提升的有效依托。

中国的传统哲学脱离了神主宰世界的思想，主要强调积极的入世主义。孔子采取远离鬼神的态度，《论语》云："季路问事鬼神。子曰：'未能事人，焉能事鬼？'曰：'敢问死。'曰：'未知生，焉知死？'"[2] 孔子认为人的首要任务是提高自身的修养，了解人生的道理，做好现实人生的事情，如果连现实人生的许多事情都做不好，鬼神也起不了什么作用。

---

[1] 古健青. 中国方术辞典 [M]. 广州：中山大学出版社，1991：5.
[2] 陈琦萍. 论语与生活 [M]. 北京：教育科学出版社，2014：196.

不论是传入中国的宗教，还是中国本土不断发展起来的宗教，都有浓厚的人文精神，都体现了以人为本的思想。中国道教有着独特的内容体系和思维方式，与世界上其他宗教有相似之处，但也有很大的不同。

总之，中华文化一贯注重现世的人生，重视人的主观能动作用，突出人的核心地位，使中华传统文化表现出了充分的人文主义精神，把人的眼光拉向社会，从而走向更广阔的空间。

（二）天人合一的精神

《道德经》中说："人法地，地法天，天法道，道法自然。"①"天"代表"道""真理""法则"，"天人合一"就是与先天本性相合，回归大道，归根复命。"天人合一"不仅仅是一种思想，更是一种状态。"天人合一"的思想最早由庄子提出，经过丰富和发展，逐渐成为中华传统文化的主体内容之一。宇宙自然是大天地，人则是一个小天地。人和自然在本质上是相通的，故一切人事均应顺乎自然规律，达到人与自然的和谐。

"天人合一说"是中华传统文化的基本精神，也是中国哲学最重要的基本思想之一。这一观点大致上可以分为五类学说：孔子的"天人一德说"、老子的"天人一体说"、孟子的"天人一性说"、董仲舒的"天人一类说"、二程和朱熹的"天人一道说"。这些学说既强调天是万物的起源，同时又强调人事的作用，从儒学多年的实践角度看，天人合一思想成了人们的行为准则，而且成为儒家学派解释历代制度的理论依据。

在中华传统文化的发展史上，很多经典都对"天人合一"有过详细的阐述，如经学史上对于《周易·乾卦》卦辞"元、亨、利、贞"四个字的解释，就很好地体现了古代天人合一的思想。宋代理学家程颐在《程氏易传》中指出："乾，天也。……元亨利贞谓之四德。元者万物之始，亨者万物之长，利者万物之遂，贞者万物之成。"他把"元亨利贞"解释为一年四季春夏秋冬，很符合天道运行的特点。《周易》的《文言》则说："元者，善之长也。亨者，嘉之会也。利者，义之和也。贞者，事之干也。君子体仁，足以长人；嘉会，足以合礼；利物，足以和义；贞固，足以干事。君子行此四者，故曰：乾元亨利贞。"②这样又把"元亨

---

① 王家春. 画说道德经 [M]. 北京：人民美术出版社，2020：72.
② 邹晓丽. 古汉语入门 [M]. 北京：语文出版社，1993：201.

利贞"解释为君子四德。

儒释道三家对"天人合一"的思想观念在"天人关系""顺从自然""天人协调"三个方面都有着相同的解读方式，都肯定人是自然不可分割的一部分，都强调人要遵循自然的规律和选择，都认为人的理想是天人的协调。

（三）刚健勇猛、自强不息的积极进取精神

《周易》中曰："天行健，君子以自强不息。"[1] 意为君子应该效法上天刚健、运转不息之品格，一个有理想的君子应该自强不息、进德修业、永远为自己所追求的目标而努力奋斗。天即自然，也就是规律，天的运动刚强劲健。相应地，君子处事，也应像天一样，力求自我进步，刚毅坚贞，不屈不挠，发愤图强，自强不息。

中华传统文化里一直贯穿着刚与柔的思想、动与静的思想、有为与无为的思想，这些思想相互对立又相辅相成，这些范畴的斗争与统一，一方面成就了中华传统文化的多姿多彩、丰富博大，另一方面也一直是中华民族奋发向上、蓬勃发展的动力和力量源泉。

中华民族是一个伟大的民族，几千年来，中华民族以不怕困难、刚毅坚强和勤劳勇敢而著称于世。中华民族自古就有"盘古开天地"的气魄，"夸父追日"的坚毅，"后羿射日"的胆识，"愚公移山"的不屈，"精卫填海"的执着，这些品格无一不凝结着中华民族一往无前、不怕困难、知难而进、顽强拼搏的精神，无一不是对中华民族坚持不懈、自强不息精神的真实写照。

孔子一生为国家和天下百姓不停奔波，是历史上难得的身体力行的思想家和教育家，他试图以周礼匡扶乱世，"明知其不可为而为之"[2]，结果是"发愤忘食，乐以忘忧，不知老之将至也"[3]，为后人树立了光辉的典范。孔子的行为、思想、积极进取的精神对中华民族产生了深远的影响，孔子的精神不断激励着后人不断奋发向上。孟子也从自身的人格和修养出发，提出了"吾善养吾浩然之气"[4]。荀

---

[1] 王子娇.易经初解[M].桂林：漓江出版社，2019：13.
[2] 毛翰.20世纪中国新诗分类鉴赏大系[M].广州：广东教育出版社，1998：958.
[3] 郭道荣，刘熠，韩小龙.中国文化概论[M].天津：天津人民出版社，2018：54.
[4] 卢孟来.中国古典散文名句锤炼口才实用法与举例[M].广州：广东经济出版社，2004：191.

子则从天人关系的角度提出"制天命而用之"[①]的著名论断。"天行健，君子以自强不息"[②]的思想深入人心，其刚健、自强不息的观点为全社会所接受。

革命战争时期，中华儿女在党中央的正确指引下，克服重重困难，秉持革命乐观主义精神，使中华民族自强不息的精神得到了进一步发扬，并赋予其新的历史意义。著名的井冈山精神、长征精神、南泥湾精神、延安精神、西柏坡精神等都是自强不息的民族精神在这一时期的体现。著名的"两弹一星"精神、铁人精神等是中华民族自强不息精神的继续丰富和发展。改革开放以后，中华民族自强不息的民族精神在应对纷繁复杂的国内外局势的过程中继续发扬光大。从中国的实际出发，在初步回答什么是社会主义、怎样建设社会主义等重大理论和现实问题的基础上，概括出中国的创业精神，"两手抓，两手都要硬"的改革精神，众志成城的抗洪精神，务求实效、艰苦奋斗的新西柏坡精神，与时俱进、不断创新的开拓进取精神等，都是自强不息的民族精神在新时期的体现。

正是这种刚健有为、自强不息的精神，凝聚了民族向心力，推动了中国社会和中华传统文化的不断发展。

（四）崇德兴仁的精神

"崇德兴仁"就是崇尚高尚的道德和仁爱的思想。

"崇德兴仁"能够使国家富裕，人民安乐，人们和睦相处，社会稳定和谐，风调雨顺，没有灾难和战争，没有欺行霸市和恃强凌弱的事情发生，大家都能得到各自所需。

"仁"是儒家思想的核心内容，也是孔子极力推行的重要思想，对中华传统文化的发展有着重要的影响。2000多年来，"仁"的思想对中华民族的人伦准则和道德规范产生了重大影响。《论语》中孔子及其弟子提到仁的地方有100多处："樊迟问仁。子曰：'爱人。'"（《论语·颜渊》）"泛爱众，而亲仁"（《论语·学而》）这些语境中的"仁"，体现为仁义、仁爱、仁和之意。仁者，首先要有一颗仁慈的心，要有广阔的胸怀，不仅爱志同道合的人，还能爱志向不同、意见不合的人；不仅爱亲近的人，还能够爱天下众人；不仅当下尽仁爱之心，而且能够恒久地施行仁爱之心。爱人会得到人爱，爱人即爱己。爱和被爱，会促进人的精神愉悦，

[①] 刘延福. 荀子研究[M]. 济南：山东大学出版社，2017：32.
[②] 王子娇. 易经初解[M]. 桂林：漓江出版社，2019：13.

仁的另外一种表达形式是"忠恕达人"。曾子曰："夫子之道，忠恕而已矣。""忠"，从字面看，心处于正中，不偏不倚，指尽己之力为人谋事，忠于职守。"恕"，从字面看，如同一心，待人如己，指根据自己内心的体验来推测别人的思想感受，将心比心，设身处地为他人着想，达到推己及人的目的。如何行"恕"？孔子曰："其恕乎！己所不欲，勿施于人。"①是说，自己不愿意的，不要强加给别人。如何做到"仁"？孔子指出："夫仁者，己欲立而立人，己欲达而达人。"②是说，至于仁人，要想自己站得住，也要帮助别人一同站得住；要想自己过得好，也要帮助别人一同过得好。如何做到"立人"和"达人"？曾子曰："吾日三省吾身，为人谋而不忠乎？与朋友交而不信乎？传不习乎？"立人先立己，达己而达人。"己所不欲，勿施于人"和"己欲立而立人，己欲达而达人"是对"忠恕"具体内涵和具体实施的最好解释。

孔子把"仁"作为最高的道德原则，他首次把多种道德规范集于一体，形成了以"仁"为核心的伦理思想结构，包括孝、悌、忠、信、礼、义、廉、耻、仁、爱、和、平等内容。其中孝、悌是仁的基础，是仁学思想体系的基本支柱之一。他提出要为"仁"的实现而献身，即"杀身以成仁"，该观点对后世产生了很大的影响。

"德"也是儒家的重要思想，有着丰富的内容。一般来说，"德"与"道"有着非常密切的关系，《道德经》云："道生之，德畜之。"③意思是说，道生成万事万物，德养育滋润万事万物。"子张问仁于孔子。孔子曰：'能行五者于天下为仁矣。'请问之。曰'恭、宽、信、敏、惠。恭则不侮，宽则得众，信则人任焉，敏则有功，惠则足以使人。'"④恭、宽、信、敏、惠是孔子施行仁德的五种道德规范。孔子认为，个人能够身体力行这五种道德规范，就是仁人了，国家能够施行这五种道德规范，就是仁政了。

唐代魏徵等著的《群书治要》中，提出了"偃武修文"的理念，同时又提出了"治国安邦"的思想，其中详细阐述了为政和崇德兴仁的思想，吸取了诸子百家中有关修身、齐家、治国、平天下的主要精神，遵从内圣外王之道，详细总结

---

① 樊登.樊登讲论语先进[M].北京：北京联合出版公司，2021：260.
② 陈明，邓中好.国学经典200句[M].武汉：长江文艺出版社，2013：35.
③ 汪根发.老子心语[M].北京：新华出版社，2019：113.
④ 马少毅.国学读本[M].徐州：中国矿业大学出版社，2018：99.

历代兴衰之根本原因，遵循古圣先王的统治之道，崇尚高尚的德行，以仁德治天下，顺天爱民。《群书治要》云："爱出者爱返，福往者福来。"[1] 这句话深刻阐述了崇德的重要性，为个人修心修身和当今国家治理提供了重要启示。

（五）礼治精神

中华传统文化始终体现着一种礼治精神。礼是中华民族一种独特的文化现象，也是中国社会政治、经济、文化世代相承的存在状态。作为一种社会理想的礼治精神，其实质是强调人与人之间的和谐关系、社会与人之间的良好秩序。在儒家看来，社会应遵从一定的次序，表现为群臣有序、父子有序等。礼治精神作为传统文化的重要内容以及构建人与人之间关系的关键因素，吸引着很多学者去研究探讨。

礼治思想是儒家的主要学说之一。孔子主张"仁"，而"仁"与"礼"是一体的。孔子说："人而不仁，如礼何？"[2] 孟子对礼治的思想进行了补充和发展，把仁、义、礼、智作为人们最基本的道德规范。荀子更加重视礼的重要性，著书详细论述了礼的发展、起源、内涵、地位和作用，强调人无礼不生、事无礼不成、国无礼不宁。

孔子认为，讲究"礼"是治理国家的需要，是国家兴旺发达的需要。孔子说："为国以礼。"他认为用"礼"才能更好地治理国家，否则，礼仪就会失去应有的作用。"丘闻之，民之所由生，礼为大。非礼，无以节事天地之神也；非礼，无以辨君臣、上下、长幼之位也；非礼，无以别男女父子兄弟之亲、昏姻疏数之交也。"孔子又论述："君君、臣臣、父父、子子。"公曰："善哉！信如君不君、臣不臣、父不父、子不子，虽有粟，吾得而食诸？"在这些论述里，孔子认为"君要合于君道，臣要合于臣道，父要合于父道，子要合于子道"[3]，这是天之道、地之道和人之道。孔子的这些思想都是从不同的侧面阐述君臣之礼、父子之礼对于维系社会、维系纲常、维系家庭的重要作用。

不仅国家的发展需要礼，社会的安宁需要礼，同时，每个公民也要知礼守礼。礼是立身之本。孔子认为："不知礼，无以立也。""君子博学于文，约之以礼，亦

---

[1] 闵天主.中国为人处世格言辞典[M].南宁：广西民族出版社，1991：137.
[2] 苏育生，王若岭.中华妙语大辞典[M].西安：陕西人民教育出版社，1990：550.
[3] 黎千驹.孔子儒家思想及其当代价值研究[M].武汉：武汉大学出版社，2020：144.

可以弗畔矣夫！"①孔子还特别重视礼在个人修养方面的作用，所以，他要求弟子做到"非礼勿视，非礼勿听，非礼勿言，非礼勿动"②。孔子不仅用礼教思想教育他的学生，也以礼严格约束自己。在日常生活中，他处处循礼而行，以礼来规范自己的行为，所以才真正达到"七十而从心所欲，不逾矩"③的境界。孔子认为，一个品德高尚的人不仅要博览群书，而且要明礼，以礼仪约束自己，提高自己的修养，只有这样才能坚守正道。

礼治作为人们行为的基本目标和规范，在对社会的和谐发展、稳定人与人之间的关系方面起着重大的作用。礼治精神规范了人们的思想和行为，不仅促进了社会的稳定和繁荣，也丰富了中华民族灿烂的文化，对社会管理实践和社会文明的发展都起到了重大的作用。

（六）自强精神

作为中华民族精神的一部分，自强不息蕴含于传统文化中，正是坚忍不拔、自立自强的精神支撑着我们民族的发展和进步。中华民族屹立于世界民族之林靠的就是由此发展出来的刚正不阿、不屈不挠等精神。

（七）求实精神

中华文化比较关注社会、人生问题，比较关注人心和人性、看重现实，坚持一切从实际出发，实事求是。

孔子教育弟子实事求是，反对主观臆测就是实事求是精神的体现。中国人一向务实，主张踏实的作风，在性格上被打上了朴实、脚踏实地的烙印。

二、中华传统文化的基本特征

中华传统文化彰显人文精神，主要表现在如何处理人的精神家园的问题上、中华传统文化奉行道德至上，弘扬精神人格。中华传统文化包含极其丰富的内容，就其最基本的特征来说，可以概括为以下六个方面：

---

① 南怀瑾. 论语别裁上 [M]. 北京：东方出版社，2022：288.
② 朱祖延. 引用语大辞典 [M]. 武汉：武汉出版社，2000：164.
③ 王琪森. 韩天衡评传 [M]. 杭州：浙江人民出版社，2022：337.

（一）整体性

中华传统文化的核心特征是整体性。中国几千年的封建社会属于传统农业文明和自然经济社会，传统农业文明和自然经济社会要求通过群体的力量来实现民族的生存与发展。中华传统文化的优秀成果就是站在国家整体的角度进行研究的，因为中华民族始终把群体利益置于个体利益之上。这种群体性精神不是强调确立个体独立人格，也不是强调个体心理特征和性格特点的充分发挥，而是强调一种人们应该具有的对别人、对社会的人伦义务。

中华传统文化博大精深，源远流长，只有在比较全面地了解传统文化的各个门类的基础上，才有可能对其总体特征与实质获得较深入的理解。事实上，整体性本身就是中华传统文化的基本精神之一。中华传统文化的整体性体现为注重以血缘、亲情为纽带的家庭关系，个体的生存和发展依赖于家庭、国家的生存和发展。中华传统文化的整体性对中华民族凝聚力的提升、统一国家的形成和发展起到了重要作用，并促使中国整体主义和集体主义的形成与发展。

（二）时代性

时代性是指传统文化要与时代需要、时代发展相结合，才能在新时代焕发出魅力。中华传统文化会随着社会的发展而不断地发展和进步，因为文化的本质不是既成的事物而是变化的过程，多少年来，传统文化一直处于不断继承与不断变化的对立统一规律之中，呈现出螺旋式上升和波浪式前进的状态，旧的形式不断被新的形式所替代，但在新的形式中又包含着持久恒常的民族精神。

根据英国历史学家汤因比的观点，在近6000年的人类历史上出现过26种文化形态，其中比较早的文化体系除了古中国文化，还有古印度文化、古巴比伦文化、古希腊罗马文化、古埃及文化等。中华传统文化属于这些文化形态中唯一一种延绵不绝的文化。中华传统文化在东亚大陆按照逻辑演化历经5000多年而不中断，这些体现出它较强的生命力和稳定性。

中华文化源远流长，孕育了中华民族独特的精神品格，培育了中国人民的崇高价值追求。自强不息、厚德载物的思想，支撑着中华民族生生不息、薪火相传，今天依然是我们推进改革开放和社会主义现代化建设的强大精神力量。

中华传统文化的时代性主要体现在内容的选择方面。在内容选取的过程中，一方面是结合当前社会主义现代化建设的需要,另一方面是结合大学生成长与发展的需要,让传统文化真正为社会主义建设现代事业提供精神资源与动力,成为当前社会发展与大学生成长中必不可少的一部分。

(三)地域性

传统文化的另一个重要特征就是地域性。事实上,中华传统文化是一个民族、一个区域的人们在千百年来的生产、生活中的积累和沉淀,是当地劳动人民集体智慧的结晶,是特定地域风格、文化观念乃至行为方式的体现,不仅具有很强的空间上的地域性,而且具有时间上的延续性,还具有表现形式上的独特性。

中国地大物博、人口众多,传统文化的内容也丰富多彩,在中华传统文化这一体系之中,既有源自黄河流域的农耕文明,也有草原文明,二者互为补充。

中华传统文化早在数千年前就与异国文化开始了交流。汉唐时期,中华文化是相当开放的。中华民族的祖先曾非常勇敢地吸收外来优秀文化因素并加以改造,不断丰富中华文化的内涵。从艺术方面看,中国大量吸收了沿丝绸之路传来的异域音乐、舞蹈,并使之中国化;从饮食、服饰、民俗等方面看,中国所吸收的异域文化内容也十分惊人。与此同时,中国也将自己的文化持续向外输出,如四大发明、丝绸与瓷器等工艺制作等,都对世界文化产生了积极的影响,对人类文明做出了巨大贡献。

当今世界已经是一个全球化的世界,跨国资本及其消费文化的历史性扩张,逐渐解构了人类社会的地域传统和生活秩序,地域性传统文化陷入前所未有的危机之中。置身于全球化的语境中,如何传承地域性传统文化,并保持世界文化的多元化,是一个值得探究的课题。

(四)发展性

传统文化产生于特定时代,因时代的局限性,其具有两面性,其中精华与糟粕并存,养料与毒素同在。优秀传统文化对教育有正面的积极的影响,反之,传统文化中不好的部分也有负面的消极的作用。继承是发展的前提,发展是继承的必然要求,继承和发展是统一过程的两个方面。文化在继承的基础上发展,在发展的过程中继承,在这个过程中,不断革除陈旧的、过时的文化,推出体现时代精神的新文化,即"取其精华,去其糟粕,推陈出新,革故鼎新"。

中华传统文化是我们民族的"根"和"魂",如果抛弃传统、丢掉根本,就等于割断了自己的精神命脉。要坚持马克思主义的辩证方法,坚持古为今用、推陈出新,有鉴别地加以对待,有扬弃地予以继承,既不能片面地讲厚古薄今,也不能片面地讲厚今薄古。

继承和发展传统文化,首先要区分"精华"与"糟粕",传承其中优秀的部分,舍弃其中陈旧腐朽的部分。例如,苏绣是中国四大名绣之一,在苏绣的传承中,苏绣艺人们就把苏绣细腻的针法和素描的特征进行结合,创造出了全新的针法,虽与原本的苏绣作品截然不同,但这难道不是对苏绣的传承吗?因此,我们在对传统文化传承的同时,也要大胆地进行创新,将新时代的元素添加进去,用新时代的科技、艺术、文化等内容共同为传统文化的传承打开新局面。

在继承和发扬优秀传统文化时应该认清,我们学习并传承的是文化内涵,是精神、思想和灵魂,而不是形式。以古人之规矩,开自己之生面,相信随着社会的发展和不断进步,祖先留下来的优秀传统文化必然会薪火相传,并能实现中华文化的创造性转化和创新性发展。

(五)伦理性

中华传统文化是一种伦理型文化,这种文化有着中华民族自身的特点。按照中国古代的传统说法,可以把中华传统文化叫作"崇德"型文化。中华传统文化最重要的社会根基是以血缘关系为纽带的宗法制度,它在很大程度上决定了中国的社会政治结构及其意识形态。由家庭发展成家族,再集合为宗族,组成社会,进而构成国家,这种家国同构的宗法制度是形成中华传统文化重伦理、倡道德的根本原因。

在中国几千年历史中,优秀传统文化遵循德育至上,以伦理道德为核心。儒家思想中提到,大学教育旨在彰显德行,去除污点,达到至善至美。《论语》中也对修德有要求,孔子认为,人应该注重修养,通过道德教育,将人与动物区别开来,社会应该弘扬德行。

中华传统文化在古代典籍中有记载,在古代人们的道德践行中有反映。一方面,古代统治者以道德手段教育感化人们,实现其统治目的;另一方面,古代人们崇尚理想的圣贤人格,以儒家思想为标准约束行为,从而提升境界、实现价值。

五种人伦关系包括父子有亲、君臣有义、夫妇有别、长幼有序、朋友有信。

也就是说，父子之间有骨肉之情，它是排在第一位的，可见其重要性；君臣之间要有礼义之道，也就是说臣对君要忠诚、要尊重；夫妻之间要互相挚爱，而又内外有别，夫要有阳刚之气，妻要温柔、善良和体贴；老少之间要有尊卑之序，晚辈要尊重长辈，长辈要关心和爱护晚辈；朋友之间要真诚、守信。这五伦关系是最基本的、处理人与人之间关系的行为准则。父慈子孝，乃是血脉亲情之道；君义臣忠，乃是上下关系之道；夫刚妇柔，乃是相濡以沫之道；长幼有序，乃是礼义孝悌之道；朋友有信，乃是肝胆相交之道。

这种人伦关系的实质是对家庭各个成员应尽的责任和义务加以规定，父母对子女有抚育的责任，子女对父母有奉养的义务。这就是儒家所倡导的"人道亲亲"。由"亲亲"的观念出发，引申出对君臣、夫妻、长幼、朋友等关系的整套处理原则。其中"孝道"是最基本的原则，百善孝为先，所以称中国文化为"孝的文化"。在古代，"孝"的基本内容是"父为子纲"，强调子女对父母之命的绝对服从。这种道德信念延伸到社会组织中，衍生出"君为臣纲"，孝道转化为治国之道。于是，个人对国家、社会的责任就变成了对权威无条件的伦理服从。高居于万民之上的君主就获得了维护自己统治权的堂而皇之的理论依据，他们把以道德教化控制臣民变为现实，这就是"以孝治天下"。

将这种忠孝原则推广一下，用以处理个人与社会、个人与他人的关系，其基本的道德原则就是"己所不欲，勿施于人""老吾老以及人之老，幼吾幼以及人之幼"[1]"己欲立而立人，己欲达而达人"。

（六）和谐性

古代中国属于开放的国家，国家内部之间各个地区相互合作，同时，与其他国家的交流和文化传播具有包容性。

中华传统文化发源于黄河流域，随着北方游牧民族的入侵，逐渐受到游牧文化影响，农耕文化与游牧文化在交融中保存特质，互相融合吸收。

中华传统文化具有包容性，吸收外来文化的精华。包容力展现了中国传统文化的胸怀与气魄，以及文化的自我革新精神。

中华传统文化的开放、包容、内化的自我革新即为和谐性的基本特征。《道

---

[1] 姜春颖，赵亮.朱熹教育思想研究[M].太原：山西人民出版社，2020：136.

德经》中提出"人法地，地法天，天法道，道法自然"[①]的哲学观点，道法自然即遵循自然，即万事万物的运行法则都是遵守自然规律的。《中庸》提出："唯天下之至诚，为能尽其性。能尽其性，则能尽人之性。能尽人之性，则能尽物之性。能尽物之性，则可以赞天地之化育。可以赞天地之化育，则可以与天地参矣。"[②]这段话深刻阐述了天、地、人并立统一的和谐性，圣人一定要用天地大道了解自己的本性，然后才能了解天地万物的本性，这样就可以与天地并立为三，达到天人和谐一致。

三、中华传统文化的影响力

国内外众多民族长久以来共同发展出很多优秀的文化。和其他民族的文化一样，中华优秀传统文化是属于全人类的财富，具有独特意义。

1. 中华传统文化的传播

中国历史文化博大精深，丰富的科学、文学、艺术、军事、政治等成果传播到国外，与国外交流的同时，从无序发展为有序。近代的落后不能全盘否定传统，中华优秀传统文化始终是世界优秀文化的一个组成部分。

今天的世界东西方文化不断碰撞，在这种形势下，我们应该尊重文化的民族性。建设有中国特色社会主义先进文化需要发扬"中国风格""中国气派""中国特色"。弘扬优秀传统文化也需要我们把继承与创新相结合，这样才能让优秀传统文化欣欣向荣、繁盛不息。

2. 中华传统文化对亚洲的影响

在整个中国古代，中华文化一直推动着亚洲文明的演化与发展。比如朝鲜文化，它深受中国文化的影响。自古以来，中朝之间物质文化交流不断。在中国文化的影响下，朝鲜出现了诸多儒学名人。

3. 中华传统文化对东南亚国家的影响

在东南亚，很多国家的文化与中华优秀传统文化有着深厚的渊源。我国与越南、泰国、马来西亚、缅甸、柬埔寨、印尼、文莱等国家保持着友好的关系。越南和泰国的礼俗就受到了中国传统文化的影响，菲律宾的饮食和新加坡的生活习

---

① 王家春. 画说道德经 [M]. 北京：人民美术出版社，2020：72.
② 杨宽. 战国史 [M]. 上海：上海人民出版社，2019：532.

惯等都或多或少有着中国文化的影子。儒家思想在其国民教育中扮演着重要角色。

我国古代航海事业的发展有利于我国和世界各国建立友好往来,唐宋时期,对外交流较多,东南沿海的人们向东南亚流动,对文化的传播起到一定的辅助作用。

4. 中华传统文化对西方的影响

首先,中国古代器用技术对西方产生了广泛影响。从唐朝开始,中国的重大发明陆续传入欧洲,中国的瓷器、丝绸、养蚕技术等在推动西方文明发展方面起到了关键作用。可以说,中国古代科技在一定程度上开启了西方近代文明。

其次,中国园林艺术对西方产生了深刻影响。每一种艺术形式都包含了独特的结构特点,中国园林艺术具有很大的魅力和极高的欣赏价值,它代表着中国精神和气质。欧洲很多国家学习和借鉴中国园林艺术,这种艺术形式影响了他们的生活方式和情调。

最后,中国学术思想对西方产生了深远影响。西方人从16世纪开始翻译儒家经典,将儒家经典翻译为拉丁文和法文。

此外,中国的文学作品在欧洲有一定的影响力。在欧洲很多国家的剧作家眼里,中国戏剧有劝善的作用,中国小说、诗歌、戏剧被翻译成英文和法文等,传播中国思想。

欧洲著名思想家伏尔泰等深受中国哲学思想的影响。德国哲学思想受到中国哲学的深刻影响,德国哲学家莱布尼兹曾针对欧洲文明中心论,努力为中国文化辩护。法国重农主义经济学家认为,中国实现了道德理性化。康德和费尔巴哈的哲学思想与中国儒家人本主义在逻辑上是一致的。

5. 理性看待中华传统文化的世界影响

一方面,中华传统文化具有世界性意义。作为世界文明财富的一部分,中华传统文化为中国和世界各国的发展贡献了很多力量。中华传统文化包含儒学世界观中的人道主义思想、道教顺其自然的道德观等,这些理念蕴含着巨大的魅力与强大的力量。

另一方面,一个民族的文化是世界文化的一部分,当今世界进入高科技信息时代,各个国家、民族间的联系日益密切,我们需要立足本国,放眼世界,开拓一条有中国特色的现代化道路。

世界文化这个整体和不同民族文化的分支之间是对立统一的关系，共同为人类文化发展涂抹绚丽的色彩。不同民族的文化具有不同的智慧与闪光点，中华文化也应该取长补短，提升文化性格，紧跟世界发展潮流，拓宽视野，走向世界舞台。

总之，以国为家、家国一体、先国后家，是中国传统文化的重要内容。学习中华优秀传统文化可以帮助青年培养"天下兴亡，匹夫有责"[1]的情怀，对国家统一、民族团结、民族发展具有长远意义。在为实现"中国梦"努力奋斗的道路上，每一位青年学生都需要以国家繁荣为最大光荣，增强对国家的认同，培养爱国热情，树立对本民族的信心，做自信、自尊、自强的中国人。

儒家以"仁"为思想核心，以"义"为价值准绳。"仁爱共济、立己达人"[2]是儒家思想中非常重要的价值观念和道德追求。孔子认为，他人和自己不能分割，只有每个人把自己的事情做好，整个社会才可以好。当代大学生需要学习中国传统文化中"仁爱共济，立己达人"的道德思想，做一个讲文明、有素质的中国人。修养人格是儒家思想的重要组成部分。讲人格修养，首先要讲"正心"，就是修养自身的品性。"正心"的关键在一个"正"字。正就是端正，端正内心的同时坚持一心一意，在做人和求学的过程中坚持"笃志"，持之以恒、坚持不懈。"正心笃志"和"崇德弘毅"在今天指的是心理素质的陶冶和培养，这对年轻人来说很有意义。当代青年学生要在明辨是非、遵纪守法、发愤图强的基础上自觉弘扬优秀传统文化，形成良好的道德品质，做守诚信的中国人。

第三节　传统文化的思维方式与德育价值

一、中华优秀传统文化的思维方式

文化包括三个方面：第一是人们最基本生活需要方面的文化，第二是约束机制方面的文化，第三是人们经过多年的生活形成的观念方面的文化。在这三个文化层面中，儒家、佛家和道家思想是中华传统文化发展的主体框架，并且深深融入了人们的生活。

---

[1] 方建新. 中国家风[M]. 北京：中国电影出版社，2017：13.
[2] 冉启江，韩家胜，康佳琼. 中国传统文化[M]. 上海：上海交通大学出版社，2016：6.

思维方式是一个人看待问题的基本态度和基本方法，思维方式的差异形成了人的个体差异，也会形成文化上的差异。中国的传统文化和中国人的思维方式是相互影响、相互制约的，有什么样的传统文化就有什么样的思维方式，思维方式又反过来影响、制约着民族文化的发展。

（一）中华优秀传统文化思维方式的特点

中华优秀传统文化思维方式有着很明显的特点。第一个特点是全局性，也就是说，考虑问题会从全局出发，注重整体和局部的关系，以整体的观点来描述社会的状态，反映事物的发展规律。第二个特点是实用性，强调认识来源于实践又服务于实践，注重思维的直观性和抽象性，注重概念的递进性，注重认识上的伦理性。

中华优秀传统文化的思维方式除了注重全局性和实用性外，还非常注重形象思维，并善于将形象思维与抽象思维有机结合起来，总结出事物的一般规律，再用这个规律指导社会实践；注重人们的直觉思维，并善于从直觉思维中去体悟内心的感觉和体验，重视逻辑推理等。

中华优秀传统文化思维方式的总体目标就是要达到整体和谐。中国人希望通过彼此的努力能够达到整体和谐。从认知的过程来看，中国人看问题从局部到整体，避免只见树木不见森林，习惯从大局系统地去研究事物发展的过程与状态，把握事物的处理方法；从行为表现上看，中国人避免处理问题极端化，要留有回旋的余地，所以在生活中处理问题的时候，多是采取中和的方法，不偏不倚。

（二）中华优秀传统文化与中国传统思维方式的关系

思维是对客观事物的概括和间接的反应过程，这个过程包括人对生活或某一问题的认知及智力活动。思维包括直观行为思维、抽象逻辑思维和具体形象思维，思维是探索与发现事物的内部本质联系和规律性，是认识过程的高级阶段。

思维方式是一个人看待问题的基本态度和基本方法。很早以前，在田间劳动是古代人们经济生活的主要内容，这种生产方式形成了一套固定的传统思维方式，家族观念与当时社会的种族观念形成，这些都是中国传统思维方式形成和发展的主要土壤。古代非常讲究严格规范的"礼"，以及表现当时人们精神思想的"乐"，这些都深刻体现了中国传统思维形式。人们根据当时社会的经济和文化现状所产生的精神生活以及所表现的重要形式，是古代思维方式初步形成的主要因素，这种思维既有不变的因素，又有随着时代不断发展的重要因素，这些因素在中华民族绵延五千年的历史文化长河中，影响了中国传统思维方法发展的特点和模式。

传统思维的结构很早就形成了，在春秋战国时代，儒、道两家的思想既相互统一又相互促进，在当时的文化中占主流地位，所以儒、道两家的思想和观念影响了传统思维的发展，奠定了中国古代文化的理论基础，对当时社会的发展和民众的生活产生了很大的促进作用，进而确立了传统思维理论的基本框架。

先秦诸子时期是我国古代文化发展的第一个高峰期，其突出的表现是道家思想的形成。在这个时期，道家的思想逐步形成完整的体系，包含了较系统的人生观、世界观和宇宙观。老子根据自己丰富的生活阅历、对乱世时局的思想和对生命的感悟，创立了朴素的辩证法，对后人的思维方式影响非常深远，使国人习惯以辩证的思维方式去分析和解决问题，对事物的分析更加全面和透彻。这种辩证思维方式造就了国人不激进、不保守的做事风格。

到了秦代和汉代，国家得到了基本的统一，国家政治制度的制定和社会经济的发展，使得传统思想受到了很大的影响，文化朝着一体化方向发展，从度量衡统一，到文学上罢黜百家、独尊儒术，导致了传统思想方式的一体化，思维方式发生了根本的变化，虽然后来佛学传入对传统文化有着很大的影响，但以儒、道两家为主体，儒、道互相促进和互相补充的思维模式却始终在文化发展中居于主导地位。这种思想反映到思维方式上，就表现为整体性思维和系统性思维。

中华传统文化历经几千年的发展，有精华也有糟粕，因此其对人们思维方式的影响也具有两面性。在以后的中华传统文化教育中，要扬长避短，补充思维不足的部分，提高人们的整体思维能力。

（三）中华优秀传统文化思维方式的整体性

中国传统思维把事物分为对立的两个方面，而以其对立和统一的发展规律来把握整体，把思维对象放在对立的两个方面去把握，就能从全面联系的整体性中反映对象，这就是思维过程中的整体性。中华传统文化的继承和发展得益于中国传统思维的整体性原则。

儒释道文化有其独特的内容和特点，但三者互相融合、促进和发展，充分体现了中华传统文化思维的整体性。儒释道文化的发展，大体可以分成三个阶段，这三个阶段分别是魏晋南北朝时期、唐宋时期和元明时期。在儒释道文化发展的过程中，三者是独立的，相互区别，然而它们又具有互补性，对社会的发展和人们道德水平的提升都起着非常重要的作用，推动社会向前发展。在儒释道文化发展的过程中，三种思想从开始的独立到慢慢交叉和融合，到了最后阶段实现了完全意义上的合一，成为中华传统文化不可分割的一个整体。

儒家认为，大学之道可表述为"三纲八目"，所谓"三纲"，是指明明德、亲民、止于至善，指明大学的宗旨由三个纲目组成，一是弘扬光明正大的品德，二是把光明正大的品德应用于生活，三是使人达到最完善的境界，这是"大学"的核心思想，也是儒学的目标。所谓"八目"，是指格物、致知、诚意、正心、修身、齐家、治国、平天下，这是儒家为人们提出的一个人成功所经历的过程和步骤。意思是要求人们亲自实践，不要有过多的欲望，在实践中树立崇高的道德意识，为人真诚，抵御各种欲望的诱惑，提高自己的品德修养，管理好自己的家庭，做好本职工作，然后更好地为天下众生服务。概括起来，三纲八目分为两个方面，一是"内圣"，二是"外王"，也就是指一个人要成功，一定要具有圣人的才德，有了圣人的才德才能对外施行王道，治理国家，更好地为社会服务。"内圣"的标准包括四个方面，也就是"格物、致知、诚意、正心"；"外王"的标准包括三个方面，也就是"齐家、治国、平天下"。其中的"修身"环节，则是连接"内圣"和"外王"两方面的桥梁。几千年来，一代又一代的人把此当作人生追求的理想和目标，也就是成就圣人之道。它影响着无数人为之而努力奋斗，为推动社会道德水平的提升起着不可估量的作用。

道家的思想宗旨是道法自然，以无为思想治国。道家的思想本质是出世，道家强调"道"，"道"就是规律，宇宙的规律也是宇宙的本源，也是宇宙中万物存在和生长的规律和准则。道家认为，自然界的万物处于经常的运动变化之中，世界上没有固定不变的东西，这就是道，道是宇宙运行的基本法则。《道德经》中说，"人法地，地法天，天法道，道法自然"，深刻阐述了道的重要性。道家认为，一个人要想幸福和长寿，一定要按照道的自然规律去想、去做，任何人都不能脱离天道的规律而独立生存，无论你信或不信天道，结果都是如此。如果把这个思想推广开来，一个国家和社会的发展，一定要合乎天道的规律，只有顺应自然、顺应天道和民意，才能国泰民安，才能社会安宁。所以，道家思想中的"清静无为""返璞归真""道法自然"等主张，深刻反映了中华传统文化思维方式的整体性。

佛家认为，学佛的过程就是一个修心的过程，就是不断调节自己的思想，不断去除不正确的思想、观念和情感。

儒家、道家和佛家的思想影响范围极广，三者不但具有发展性，而且具有整体性和一致性。纵观三教的主要思想和特点，其都是从维护社会道德，有利政治统治为出发点和归宿，即所谓三教虽殊，同归于德，同归于善，这充分体现了中华传统文化思维的整体性。

（四）中华优秀传统文化思维方式的对立统一性

对立面之间的统一和斗争，是矛盾双方所固有的两种相反的属性。对立面的统一即矛盾的统一性，是矛盾双方相互依存、相互肯定的属性，它使事物保持自身的统一。由于对立面之间相互统一的作用，双方能够相互吸取和利用有利于自己的因素而得以发展。对立面之间的相互斗争，是促成新事物否定旧事物的决定力量。

中华传统文化核心的"中和"，就深刻体现了对立统一的思想，它把矛盾的两个方面经过整合，统一到一致的方面上来。"和"指的是和谐、和平、中和等，"合"指的是汇合、融合、联合等。这种"贵和尚中、善解能容、厚德载物、和而不同"的宽容品格，是我们民族所追求的一种文化理念。中和思想不仅是古代治国理政智慧的灵魂，也是构成现代中华政治文化的精髓。

儒家经典《中庸》将中和归为宇宙天地的大道思想，也是世界万物生存发展的根本规律。何谓中和？"中"的含义是不偏不倚、无过不及、不走极端，即指事物具有最佳的组成结构以及最精当合理的比例关系。中和表征了事物存在的最佳状态，是事物最优秀的生存和发展规律。中华先哲深刻揭示了中和之道，给了我们一个处理事物的最佳思想，这个思想已成为我们最高的生存智慧，使中华民族数千年以"和"为根本价值追求，以"中"为根本思维方式，深刻体现了对立统一的哲学思想。

中和之道是宇宙天地的根本规律，也是一个人应该遵守的为人之道，也可以说是一个国家治国理政之道。儒家自孔子开始，就肯定尧、舜、禹三代圣人的治国理政之道就是"允执厥中"的中和之道。孔子高度肯定舜具有治国理政的大智慧，尤其体现在舜善于"执中"的治国之道，即善于在深入广泛考察了解的基础上，正确及时地去除过与不及的两种片面性，而制定并实施最具合理性的决策，从而有效改善百姓生活。显然，这种执两用中的治国理政之道，包含着深刻的历史辩证法和唯物辩证法的对立统一智慧。

中国传统思维注重"统一"，注重"互惠互利"；中国传统哲学讲"阴阳一体"，讲"万物和合"，虽不否认对立，但更强调"统一"，讲"和为贵"，讲"宽容理解"，讲"冤家宜解不宜结"。中华文化是对立统一的文化，是一个和谐、团结、民主的文化，中华文化允许大家有不同的信仰，求同存异，彼此尊重，和而不同。探寻世界的统一性、发展性与和谐性是中国哲学的本色，"亦此亦彼""你有我有他也有"的思想成为中国传统思维习惯。

不同民族的文化造就了不同民族的思维方式，而思维方式的不同又对文化产生了极其深刻的影响。思维方式是民族精神的核心问题，它对民族的心理和性格具有深刻和长久的影响，不同民族的思维方式会对社会政治制度产生直接的影响。西方哲学有重视矛盾对立的特点，所以从古希腊开始就培植了民主的传统；中国古代哲学注重矛盾统一的特点，在政治上则表现为"大一统"的思想，这就成为中国封建专制主义的理论基础。

总之，我们对待中国传统思维要持科学的态度，对中国传统思维方式取得的巨大成就应给予充分肯定，并加以完善和发扬，而对它存在的不足也要有足够自觉的认识。面对科学技术突飞猛进的发展，以及我国改革开放和社会主义现代化建设的新形势，我们的确很有必要重新审视自己的思维习惯和思维方式，研究和学习科学的思维方法，倡导良好的思维品质，迎接新时代的挑战。

二、中华优秀传统文化的德育价值

中华优秀传统文化是德育的文化根基，在德育教育中发挥着不可替代的作用。中华优秀传统文化所蕴含的思维方式、价值观念和行为准则等，对大学生如何实现生命价值有较强的指导意义，不仅具有深刻的历史性和传承性，还有发展性，同时对当下社会的发展和进步也有一定的现实指导意义。

在复杂的社会环境与多元化的思想影响下，一些大学生的思想、心理及行为品质出现了一些不良的表现。因此，弘扬中华优秀传统文化，遵循大学生认知规律，对传统文化经典及精髓等进行系统整合，用文化文明的智慧指引当代大学生树立正确的世界观、人生观、价值观、国家观、民族观、历史观、雅俗观，使他们坚定实现"中国梦"的信念，从而进一步构建完善而科学的学校德育建设体系，这是非常必要的。

（一）中华优秀传统文化蕴含着丰富的德育思想

中华优秀传统文化非常重视个人道德品质的提高与完善，强调加强个人的思想和行为，高校德育工作的主要目的是帮助学生提升道德水平和自身修养，帮助学生按照社会上的道德原则为人处世。"天下兴亡，匹夫有责"[①]是中华优秀传统文化的重要思想，这种以天下为己任的爱国主义精神在几千年来支撑着中华民族的繁荣发展。

此外，"天行健，君子以自强不息"[②]的积极进取精神，"俭以养德、淡泊明志"[③]的艰苦奋斗精神，以及"立木取信"[④]"一诺千金"[⑤]的诚实守信等优秀品质都是高校德育工作要实现的教育效果。可见，中华优秀传统文化的内在价值与高校德育的目标是一致的。

（二）中华优秀传统文化为大学生提供了丰富的德育内容

大学生德育主要包含思想、政治、道德观念等内容，而传统文化涵盖了人的思想意识、知识理论、道德培养等诸多方面，二者在内容上互相联系、互相融通。例如，传统文化中有许多关于"养德"的内容：在家庭中倡导"孝悌"，在工作中提倡"敬业乐群"，在社会中提倡"仁爱之心"，在个人品德上提倡"修身"等。

1. 帮助大学生树立正确的国家观

国家观是人们对国家问题的总的看法和基本观点，新时代的国家观应该顺应时代的发展。从古至今，多少文人墨客都有着强烈的忧国忧民意识，把国家和民族的利益放在首位，将"以天下为己任"作为自己最崇高的道德标准。从范仲淹

---

① 郭志坤，陈雪良. 成语里的中国通史下 [M]. 上海：上海人民出版社，2019：1135.
② 王子娇. 易经初解 [M]. 桂林：漓江出版社，2019：13.
③ 尹飞鹏. 中华善字经 [M]. 上海：上海大学出版社，2020：78.
④ 程继隆. 读史明志公民读本 [M]. 上海：上海辞书出版社，2016：243.
⑤ 乙力. 中华成语故事 [M]. 上海：天地出版社，2019：319.

的"先天下之忧而忧，后天下之乐而乐"①的爱国情怀，到顾炎武的"天下兴亡，匹夫有责"的呐喊，这些无不反映出古人的忧患意识和爱国精神。培养大学生正确的国家观的内核是让大学生深刻领悟爱国主义思想，树立对国家的理性、积极、正确、全面的观念，它是增强国家凝聚力的重要精神保障，为国家长久发展指引航向。

可以说，儒家所提倡的"修身、齐家、治国、平天下"②的价值理念，体现了人们爱国和忧民的思想，并作为古人经久不衰的精神追求而传承不息。这种国家至上和爱国精神已经深入中华儿女的思想和灵魂之中。这种国家至上的爱国精神和忧民的思想意识，对于当代大学生树立人生理想、担当责任使命有着重要的意义，通过传统文化的熏陶，必然能够让大学生为中华民族的伟大复兴而加倍努力奋斗。

2. 帮助大学生明礼仪

礼仪文明作为中华传统文化的一个重要组成部分，对中国社会的历史发展产生了广泛而深远的影响。中华传统文化中，礼仪规范不仅被视为做人的根本，也被视为建功立业的根基。

礼仪文化建设在公共关系、国际事务往来、日常商务活动、人与人的自然交往等很多方面都起着非常重要的作用。礼仪文化建设是以德治国、端正社会风气的必不可少的行为规范。

中华礼仪文化以平和、中正的特征对人们产生了深远的影响。任何一个民族的文化都不可能是一成不变的，而应该与时俱进，弃其糟粕，取其精华。优秀文化的因子往往历久弥新，长久地存活在历史的长河中，持续地影响着本民族的精神和面貌。例如，在历史的长河中，出现了诸如孔子、老子、孟子等哲人和他们光耀千古的经典。几千年来，他们始终伴随着历史的进程，人们几乎处处可以感觉到他们的存在。

综上所述，中国传统的礼仪文明是宝贵的思想资源，可以为大学生提供重要的借鉴。

---

① 郭志坤，陈雪良. 成语里的中国通史下[M]. 上海：上海人民出版社，2019：904.
② 李中生. 百篇古诗文精选注析[M]. 广州：中山大学出版社，2015：38.

3. 帮助大学生懂仁爱

"仁"是儒家学说最为核心的关键词，有人称其为儒家学说的基石。儒家经典《论语》当中，"仁"字就出现了百余次。

儒家的仁爱观念是中华传统仁爱观念的主流，这种仁爱观要求由近及远，由亲向疏，最后做到爱天地万物。"亲亲而仁民，仁民而爱物"[1]，最终达至"仁者以天地万物为一体"[2]的境界。

"仁爱"的第一层含义是爱自己的亲人，这是人伦之本，是人的最基本的情感。孔子说："君子务本，本立而道生。孝悌也者，其为仁之本与！"[3]"仁爱"的第二层含义是要爱陌生人，即"泛爱众而亲仁"[4]，这是爱的扩展，也是仁的较高的境界。"仁爱"的第三层含义是要爱天地万物，这是仁的最高境界。《道德经》说，"天地不仁，以万物为刍狗"[5]，说明了天地对自己所生的万物一视同仁，没有厚此薄彼、有所偏爱，只有因禀赋的不同而赋予其各自最适当的使命，因此个人做好自己的本分即顺承天心。

中华优秀传统文化中的"仁爱"，既是人的基本素质，也是传统文化对人的最普通的要求。"仁爱"的内涵与社会主义核心价值观中的诚信、友善相一致，不仅是公民必须恪守的基本道德准则，也是评价公民道德行为选择的基本价值标准。

总之，"仁爱"思想是中华优秀传统文化的重要组成部分。培养大学生的"仁爱"思想，努力构建适于大学生学习成长的大环境，对于人才的培养有着至关重要的作用，应引起广大思想政治教育工作者的深入思考。通过对大学生进行"仁爱"教育，让大学生爱自己、爱亲人、爱他人、爱世间的万物。对他人的爱是一种博爱，是对弱势群体的体恤，是对各行各业的人的感恩，是对大自然的感念。归根结底，"仁爱"的精髓是一种崇高的责任，对自己负责、对家庭负责、对社会负责。将"仁爱"思想融入思想政治教育课程体系，能够更好地培养大学生的社会责任感，使其肩负理想信念，为中华民族的伟大复兴而奋斗。

---

[1] 李季林. 四书金言[M]. 合肥：安徽人民出版社，2012：264.
[2] 裴大洋. 中国哲学史便览[M]. 西宁：青海人民出版社，1988：385.
[3] 姜兵，魏雪峰，韩霞. 中国传统文化读本[M]. 成都：电子科技大学出版社，2017：1.
[4] 王丽娟，毛超. 国学必读名篇[M]. 郑州：大象出版社，2017：46.
[5] 李清泉. 老子大义[M]. 北京：中央民族大学出版社，2019：64.

4. 帮助大学生守孝道

孝道作为中华传统文化之根，已传承了几千年，孝道文化在中国发展过程中的作用更是多方面的。儒家经典《孝经》的诞生，不仅标志着孝道、孝行、孝治理论体系的形成，同时也开始将孝道思想从"仁孝"体系中逐步抽离，强调人们不仅要重孝道，而且不要忽视最重要的人道基础。"百善孝为先"[①]，孝已经深深地根植于人们的心里，被人们所接受。

孔子认为，人对父母应该敬养，主张对父母和长辈一定要恭敬，提出"色难"的观念，强调为人子女，不仅要用物质奉养父母，还要在精神上敬爱父母。"今之孝者，是谓能养。至于犬马，皆能有养，不敬，何以别乎？"[②] 人是高等动物，具有社会性，让父母吃饱穿暖、提供安全保障是孝最基本的要求；尊重父母，让他们精神上快乐是孝的根本。孔子认为，对父母只是提供物质上的需要而没有敬爱就如同饲养犬马。父母不仅养育子女成长，而且还倾注所有的爱心，培养子女，爱护子女。反过来，子女要懂得感恩。"滴水之恩当涌泉相报"[③]，何况父母的爱深似大海。这是一个正直与善良的人应该做到的，也是儒学塑造个人品格的一个重要方面。

从个体来讲，孝道是修身养性的基础。通过践行孝道，每个人的道德可以完善，否则，就会失去做人最起码的德行。因此，儒家历来以修身为基础。在今天，倡导孝道并以此作为培育下一代道德修养的重要内容仍然有着重要的现实意义。从家庭来说，实行孝道可以，规范人伦秩序，促进家庭和睦。家庭是社会的细胞，家庭稳定则社会稳定，家庭不稳定则社会不稳定。故此，儒家非常重视家庭的作用，强调用孝道规范家庭。在新时代，强调子女尊敬和赡养父母具有同样重要的作用。

孝道的思想是构成人修养最基础的方面，在社会中大力提倡孝道，是社会发展的要求，也是调节家庭伦理关系的要求，提倡孝道对社会稳定和经济发展起到了积极的作用。

通过对大学生进行孝道教育，让大学生深刻理解孝道的基本含义便是对父母的孝道，"夫孝，德之本也，教之所由生也"。大学生的善行应建立在孝敬父母的

[①] 文森. 东方三大圣人思录录[M]. 南昌：江西美术出版社，2019：195.
[②] 秦泉. 论语的智慧[M]. 汕头：汕头大学出版社，2014：41.
[③] 聂小晴. 中华名句智慧珍藏本[M]. 汕头：汕头大学出版社，201：248.

前提之下，对父母的孝道是我们每个中华儿女所应具备的品行。无论身处何地，都应该将父母放在首位，即我们的生活甚至事业都应该以孝敬父母为前提。

通过对大学生进行孝道教育，让大学生深刻理解对国家的孝道。先有国后有家，国家的利益高于一切，把国家的利益放在第一位是我们每个中国人所应具有的操守。无论身在何处，我们时刻都应想着为国争光，以国家利益为重，在国家利益和个人利益发生冲突的时候，首先要考虑国家的利益，不以一己私利而损害国家的利益，竭尽自己所能去爱护国家，维护国家的尊严。在国家面对一些困难时，我们应该尽一个中国人的义务，为国家排忧解难，忠诚于自己的国家。

加强对大学生的孝道文化教育，可以帮助大学生树立正确的世界观、人生观和价值观，能够使大学生更加理解父母的艰辛和国家发展的艰辛，从而更加遵守孝道。孝道文化教育还可以帮助大学生养成良好的行为习惯，为大学生将来更好地融入社会以及报效祖国，做好充分的准备。

5. 帮助大学生明明德

儒家文化重视人的道德修养和道德境界的提升，这是成人之道，也是一个人成为君子和圣人之道，这个道就叫"大学"。《大学》里深刻说明了一个人成为君子和圣人之道，强调"大学之道，在明明德，在亲民，在止于至善"，这是《大学》的三大纲领，是不可分割的一个整体，也是做人和进行道德修炼的三种理想的境界。

"大学之道，在明明德"，真正的大学问就是成人之道和做人之道，这是一个君子和圣贤的起码标准，做人之道的第一步是要弘扬光明本善的心性，通俗地说就是要让人性善的那一部分像熊熊大火一样燃烧起来，充分发扬自己的天性。儒家学说的主流思想是承认人性是善的观点，所以说，做人之道的第一步就是要保存和发扬人性善的光明的因子，沿着性善走下去。在人生的每一个选择的考验之中，我们都要坚守人善的本性，让道德的力量来统治我们的心灵。

"明明德"的道德追求要落实到最后一句话上，即"止于至善"，就是要达到善的最高境界，这是"明明德"的最终目的。性本善，每个人都有善良的一面，这是人性中最原始、最纯净的一面，经过"明明德"使大学生达到善的最高境界，这正是大学的教育目的。

作为国家的栋梁，大学生应该努力学习，提升自己的道德修养，脚踏实地，做好分内之事，这是"明明德"之题中应有之义。《中庸》曰："君子之道，辟如行远必自迩，辟如登高必自卑。"①"明德"既"明"，则其所发的愿便被完满地接受，进而变成大学生的担当意识，大学生便会自觉地履行义务。

对于现代大学生而言，"明明德"是大学生思想道德遵循的目标，也是大学生发展的逻辑起点，"明明德"意味着要明确大学生的思想和学术特质，以培养大学生的综合素质为根本；对大学生道德人格培养来说，"明明德"是要秉持提高人的内在修养和道德品质的核心价值理念。我们需要秉承明德人道的道德法则，重振"大学之道"，着重培养高校大学生高尚的道德修养和理想的人格品质。

6. 帮助大学生知感恩

感恩是一种为人处世的基本态度，是一个人在社会交往中对给予自己帮助的人的一种回馈心理，是大学生学习和生活中应有的智慧。大学生要学会感恩，要用感恩之心对待生活中的人和事，这样才会有一个积极的人生观，才会有一种健康的心态。

中华优秀传统文化中有很多有关感恩的词句，如唐代陈润在《阙题》中写道："丈夫不感恩，感恩宁有泪。心头感恩血，一滴染天地。"

学会感恩，要先学会敬畏自然、珍视生命。中华优秀传统文化追求人与自然和谐共生，凸显出一种虚怀若谷的胸怀以及尊重自然、无愧天地的高度责任感和使命感。感恩自然，要求人们在观念上重视，在行动上有智慧，促使人们不断探索如何最大限度地发挥主观能动性去与自然和谐共生。而感恩意识的缺失，则会造成为满足私欲而违背自然规律，打破人与自然平衡相处的行为现象。古人言，"达则兼济天下"②，正是强调对社会的反哺和责任。感恩教育培育的一个重要渠道和载体就是培养学生的社会责任感和历史使命感。一个没有责任感和不懂感恩的人，很难想象其会对社会有感恩之心，能对社会有大的贡献。

大学生不仅要对父母存有感恩之心，还要学会尊师敬师，对老师怀有感恩之心。学会感恩，还要学会考虑他人的感受，同情和关爱他人。通过感恩教育让大学生懂得尊敬别人，帮助大学生勇于承担起自己的责任，牢记自己的使命，为天地立心，为生民立命。

---

① 梁振杰. 大学中庸集注[M]. 郑州：河南大学出版社，2016：137.
② 方建新. 中国家风[M]. 北京：中国电影出版社，2017：53.

（三）中华优秀传统文化为大学生管理提供了丰富的德育方法

优秀传统文化不仅拥有丰富的德育内容，也拥有科学而有效的大学生德育教育方法，在中华传统文化发展的过程中，就有诸多像孔子、孟子这样优秀的教育家、思想家和哲学家提出道德教育的观点和教育方法，而且在不同的年代发挥着特有的教育作用。这些教育观点和教育方法是高校德育建设的理论基础。

大学德育教育的方法大致可分为两大类，即大学生的自我教育和教育者对大学生进行的教育。传统文化中有关自我教育的方法有很多，如"克己""自律""反省内求"等；教育者进行教育的方法也有很多，如言传身教、疏导教育、环境熏陶、因材施教等。这些教育方法给大学生的德育教育提供了很好的借鉴。

因此，在高校大学生德育建设过程中必须充分运用和发挥优秀传统文化的价值，将优秀传统文化的思想和内涵融入德育建设，既是大学生成长成才的必然需求，也是改进和创新高校德育建设的必然选择，更是适应时代和社会发展的必然趋势。

在高校管理之中应用传统文化教育，其根本意义不只是学生道德方面的教育，其本身对于文化传承、思想创造、性格培养等方面也有着重要的影响。因此，在高校管理中合理地融入传统文化，可以满足对学生的引导与启发，从而培养出具有高素质的优秀学生。另外，学生作为传统文化的传承者，也能承担文化传承的根本责任，可以将传统文化继续发扬光大，真正传承中华民族的"魂"。

长久以来，中华传统文化本身就是中华民族在与自然之间长时间交流生活中所积累出来的物质与精神事物的总和，作为中华民族的灵魂与精神，是中国人不能放弃的根。因此，在当代高校思想教育中，需要合理地渗透传统文化思想，让高校学生能够懂得学习传统文化，树立一个健康向上、积极的思想价值观念。但是，随着国家的不断发展，在对外融合步伐进一步加快的今天，学生难免会受到西方文化的影响，很多学生非常了解情人节、圣诞节，但是对于元宵节、端午节却了解甚少。再加上外部思想产生的影响，很多学生还产生攀比、追星等想法，没有体现出我国传统文化中的谦逊、礼仪等思想文化意识，对于高校教育产生不良影响。为了能够落实传统文化在高校教育中的有效渗透，就需要将其和管理融合起来。

伴随着网络技术的不断发展，使得信息之间的相互交流变得快速而便捷，各种各样的信息通过手机与网络都可以获得，面对如此繁杂的信息，高校学生虽然已经拥有一定的辨别能力，但是难免会受到网上不良信息的干扰，进而出现负面学习。这就需要教师在日常的班级管理中能够落实对于学生的文化引导，来帮助学生梳理出正确的思想价值观念。在管理中，组织文化建设作为核心内容，其本身是整个的行为导向、价值取向及思想导向。中国传统文化非常注重自强不息的精神培养，坚韧不拔、百折不挠、奋发图强的精神对于特色文化、团队选拔、班风学风建设都具有重要的指导意义。特别是学习更加需要一个良好的环境，能够在班级生活之中拥有共同奋斗的目标及积极向上的精神氛围，才能够保障学生可以克服困难，能够将主要的精力放在学习，追求进步上进。因此，传承传统文化的务实精神、宽容精神及自强精神，并发挥其在组织文化建设中不可低估的作用。

在管理之中，思想道德建设作为首要任务，可以帮助学生树立正确的人生观、世界观与价值观，这是其他工作无法取代的。基于传统文化的思想道德建设，可以让学生梳理出远大理想，能够具有重义轻利、忧乐以天下等的优秀传统道德准则，促进班级成员树立基于人民服务为核心、基于集体主义为原则的社会主义道德观。将修身作为中心，道德认识作为起点，将道德信念的建立与道德自觉性的培养作为根本性要求，将齐家、治国、平天下作为基本目标，确保在思想道德教育中，传统文化能够具有完整性与连贯性。

在高校管理中，传统文化的融入，需要合理创设校园氛围，渗透传统文化；组织辩论赛，加深文化自信；运用视频榜样学习，加深传统文化教育；依托工匠精神，增强辅导员理念。以此实现高校管理与传统文化之间的相互融合。

在高校管理中融入优秀传统文化，需要营造以人为本的班级氛围。对于中华优秀传统文化而言，其本身是针对"以人为本"加以论述的。在管理中真正融入以人为本的思想，可以引导学生开展各种班级活动，并且实现学生的全面发展。目前，高校很多活动组织开展都是基于上级安排作为主体，没有对学生的主观意愿加以考虑。因此，活动组织开展相对被动，甚至还偏向于班级之间的相互竞争，这样容易激起学生的功利心。活跃的氛围为开展活动奠定了良好的基础条件。因此，无论是哪种活动，都需要凸显学生的主体地位，能够搜集学生的意见，积极听取意愿和建议。另外，在活动实施中，还需要注意活动形式的多样性及活动内容的趣味性，以此来弱化活动的竞争性。只有如此，才能够让学生主动参与其中，实现活动生机与活力的全面提升。

在管理中融入中华优秀传统文化，还需要考虑到和而不同的班级文化氛围的创设。在儒家，和而不同是最为推崇的文化，强调的是人与人之间能够和谐共处。因此，能够在管理中融入和而不同的文化，就需要通过各种手段来协调师生之间、学生之间的关系，能够实现学生之间关系的协调，就可以满足班级整齐划一的发展，同时也要注意体现出学生的个性化发展。每一个学生都是相对独立的个体，只有正确地看待学生之间的个体差异性，在尊重学生个体差异性的基础上，才能正确提升学生的能力。此外，为了确保管理质量，还需要帮助学生树立正确的价值观念，能够将以和为本的观念与学生的价值观念相互融合起来，这样就可以使学生明确未来的人生发展方向。如此，实现教师与学生之间关系的协调，从而促进其和谐发展。教师也可以班级作为单位，开展一系列的关于和而不同的活动，这样不仅可以让学生接受到中华优秀传统文化的熏陶，以此来帮助学生提升文化素养，学会人与人之间的相处，还能够提升向心力与凝聚力，最终活跃校园氛围，强化教学效果。

中华优秀传统文化本身拥有深厚的底蕴，有谦逊礼让、热爱国家、敏而好学等教诲。高校学生思维大多数都是非常独立而活跃的。教师可以结合学生实际学习的特点，将中华优秀传统文化教育融入其中。教师可以选择利用班级辩论赛的方式，从专业的特色出发，让学生能够有理可辩、有话可说。例如，可以设置辩题——经典诵读对于专业学习的意义。由教师按照学生的实际特长与性格等来做好学生的分组，本着展示自我、团结协作、锻炼口才的精神来开展辩论。首先，要求双方进行观点的基本阐述。其次，围绕经典诵读对于专业学习的基本意义进行辩论，对于是否有利于专业学习展开争论。这样的辩论赛，不仅要求学生能够熟悉经典诵读，同时也需要与自身的专业相互结合起来，从而让学生对于我国的历史发展和文化底蕴有基本的了解。在辩论赛当中，学生"辩"的是黑白曲折之理，"论"的是古今中外之事。最后，对于辩论赛之中表现优异的学生进行适当的表扬。当然，在辩论的过程中，教师还需要关注辩论的用语、方向、时间等诸多细节，尽可能避免因为太过于激烈的辩论造成言语中伤，亦或是因为无话可说从而导致冷场的情况；同时，也需要能够把握全局，保障辩论本身不会脱离组织辩论赛的最终目标。学生通过辩论赛的方式，能够进一步加深自己对于经典诵读的基本认识，可以加强其文化功底及知识积累，同时也能够锻炼其反应能力，从而在今后的专业学习中能够懂得尝试融入更多的内容，实现跨学科的学习。

基于中华民族优秀传统文化的底蕴分析，可以感受到"工匠精神"充斥其中，中华优秀传统文化中的精雕细琢方可成就大器，要求每一个环节都做到精益求精，强调成就大器是一个非常漫长的过程。在高校管理工作实施进程中，贯彻服务育人的新理念，就是要求直接将工匠精神作为基本依托，强调教师将目光直接放到学生的成长进程中去，进而服务班级的整体性成长。在这一进程中，作为教师就需要对"工匠精神"的内涵有深刻的解读，能够从中真正意识到自己角色对于学生未来发展的重要性，让每一个学生的细节都能够真正"打磨"到位，将来可以在社会中站稳脚跟，为学生未来的职业发展服务。身为教师，需要明确认识到这一点，班级管理工作自然而然就可以迈上新的台阶。班级的成长，是一个相对漫长的过程，辅导员和学生之间互相服务彼此，为管理质量的提升提供强大的精神支撑力。

综上所述，中华优秀传统文化中所蕴含的管理之道是我们取之不尽用之不竭的宝贵资源，在管理中融入优秀传统文化能够起到良好的润滑与催化作用，有利于学生的身心健康发展。所以，作为一名教育工作者，特别是一名教师，更需要严于律己、以身作则，进一步提升自己的师德水平，萃取中华传统文化的精华，懂得将其继承与发扬，最终将管理工作推向全新的发展高度。

第二章 大学生管理的主要内容

本章主要包括四节内容，依次从大学生管理的内涵与性质、大学生管理的理念与原则、大学生管理的过程与方法、大学生管理的价值，对大学生管理工作进行阐述。

第一节 大学生管理的内涵与性质

一、大学生管理的内涵

研究大学生管理，首先就要明确大学生管理的内涵。要全面、深入地把握大学生管理的内涵，就要弄清大学生管理的含义，了解大学生管理的特点，明确大学生管理的目标。

（一）大学生管理的含义

管理，就其字面意义而言，就是管辖、处理的意思。由于管理的涉及面极其广泛，所以人们往往按照某种需要、从某种角度来看待和谈论管理，因而，对管理也就形成了多种不同的解释。即使是在管理学界，对管理也有多种不同的定义。有的从管理职能和过程的角度，认为管理是由计划、组织、指挥、协调和控制等职能为要素组成的过程；有的强调管理的协调作用，认为管理是在某一组织中，为完成目标而从事的对人与物质资源的协调活动；有的突出组织中的人际关系和人的行为，认为管理就是协调人际关系，激发人的积极性，以达到共同目标的一种活动；有的从决策在管理中的重要地位的角度出发，认为管理就是决策；有的从系统论的角度出发，认为管理就是根据一个系统所固有的客观规律，施加影响于这个系统，从而使这个系统呈现一种新的状态的过程。这些不同的定义从各个不同的角度揭示了管理活动的特性。

综合上述各种观点，可以对管理的概念作如下表述：管理是在一定的社会组织中，人们通过决策、计划、组织和控制，有效地利用人力、物力、财力、时间和信息等各种资源，以达到预定目标的一种社会活动过程。

大学生管理是高等学校管理的一个重要组成部分，也是高等学校人才培养工作的一个重要环节。因此，大学生管理既具有管理的一般性质，又有其自身的特殊本质。这主要表现在以下几点：

1. 大学生管理是在高等学校这一特定的社会组织中进行的

任何管理活动总是在一定的社会组织中进行的。实际上，管理活动就根源于社会组织中协调组织成员的相互关系和个人活动的必要性。高等学校是系统培养专门人才的社会组织，大学生的教育和培养是其首要的和基本的任务。大学生管理也就是高等学校为实现这一任务而进行的特殊的管理活动。

2. 大学生管理的目的是实现高等学校的人才培养目标

管理总是有一定目的的，管理的目的就是要实现一定社会组织的某种预定目标。世界上既不存在无目标的管理，也不可能实现无管理的目标。大学生管理作为高等学校人才培养工作的一个重要环节，其目的就是要实现高等学校在人才培养方面的预定目标，促进大学生的全面发展，使之成为德智体全面发展、富有创新精神和实践能力的中国特色社会主义事业的建设者和接班人。

3. 大学生管理的实质是为大学生的成长成才提供指导和服务

大学生管理的任务是为大学生顺利完成学业、健康成长成才提供各个方面的指导和服务，包括对大学生行为和大学生群体的引导、为家庭经济困难学生提供的资助服务、为毕业生提供的就业服务等。为此，需要通过科学的决策、计划、组织和控制，有效地利用学校的各种资源，包括人力、物力、财力、时间和信息等。

综上所述，所谓大学生管理，也就是高等学校为实现人才培养目标，促进大学生全面发展，通过决策、计划、组织和控制，有效地利用各种资源，为大学生成长成才提供各种指导和服务的社会活动过程。

（二）大学生管理的特点

大学生管理作为高等学校为实现人才培养目标而为大学生提供的引导与服务，有其自身显著的特点。

1. 突出的教育功能

大学生管理是高等学校人才培养工作的重要组成部分,因此,大学生管理既具有管理的属性,又具有教育的属性,有着突出的教育功能。

(1) 大学生管理的目标服从和服务于大学生教育的目标

大学生是为了接受大学教育而跨进大学之门的,大学生管理则是高等学校为实现大学生教育目标,促进学生圆满完成大学学业而实施的特殊管理活动,因此,大学生管理的目标必然服从和服务于大学生教育的目标。

一方面,大学生教育目标是制定大学生管理目标的基本依据。实际上,大学生管理目标也就是大学生教育目标在大学生管理活动中的贯彻和体现,是其在大学生管理领域的分目标。离开了教育目标,大学生管理也就偏离了方向。

另一方面,大学生教育目标的实现有待于大学生管理目标的实现。大学生管理是实现大学生教育目标的重要手段,只有通过有效的管理,建立和保持正常的教育教学和生活秩序,充分调动大学生学习的积极性和主动性,为大学生提供各种必要的指导和服务,才能保证学校教育教学活动的顺利进行和学生的健康成长。没有有效的大学生管理,教育目标也就不可能实现。

(2) 教育方法在大学生管理方法体系中具有突出的作用

教育方法是包括大学生管理在内的现代管理活动中最经常、最广泛使用的一种基本手段。这是因为一切管理活动都离不开人,而人是有思想的,人的活动总是由一定的思想意识支配的。因此,任何管理活动都要坚持思想领先的原则,注意做好人的思想工作,通过影响人的思想去引导和制约人们的活动。

大学生管理作为大学生教育和培养工作系统中的一个重要组成部分,也就必然要更加注重运用教育的手段,以增强大学生管理的实效性。同时,教育方法也是大学生管理中其他方法顺利实施并收到实效的基础。大学生管理的法律方法、行政方法和经济方法的实施,一般都要伴之以思想道德教育,才能收到良好的效果。

(3) 大学生管理过程同时也是教育大学生的过程

高等学校是教育和培养专门人才的场所,高等学校的一切工作都应当对学生起到良好的教育和影响作用。直接面向大学生所实施的大学生管理工作,当然更是如此。事实上,在大学生管理过程中包含着丰富的教育因素。

大学生管理过程中所贯彻的以人为本、民主法治、公正和谐的理念，所体现的从学校和学生的实际出发、遵循教育规律和管理规律、实事求是的科学精神，所采用的民主管理、依法管理、科学管理的方法等，都会对学生起到潜移默化的影响。大学生管理过程中所实行的依据大学生成长成才的规律和要求制定的各项规章制度，都会对大学生起到思想导向、动机激励和行为规范的作用。大学生管理过程中管理人员的情感、态度和言行也会对大学生起到表率和示范作用。可见，大学生管理的过程同时也是教育学生的过程，并直接影响着大学生思想品德的形成与发展。

2. 鲜明的价值导向

大学生管理总是为一定社会培养人才提供服务的，大学生管理的目的、管理体制和管理形式总是受到社会的经济基础、政治制度和意识形态的制约。因此，大学生管理必然具有鲜明的价值导向，它总是贯穿并体现着一定社会的主导价值体系，并直接影响着大学生价值观的形成、变化与发展。我国是人民民主专政的社会主义国家，我国的高等学校是为社会主义建设事业培养专门人才的。这就决定了我国的大学生管理必然要坚持社会主义的价值导向。具体地说，大学生管理的价值导向主要体现在以下几个方面：

（1）大学生管理的价值导向集中体现在管理目标中

目的性是人类实践活动的基本特征。人的实践活动的目的，总是基于一定的需要和对实践对象的属性及其变化趋势的认识与判断，因而总是体现着一定的价值观念。大学生管理的目的同样如此。

事实上，大学生管理的目的以及作为其具体展开的整个目标体系，都是基于一定的价值观念确定和设计的，都贯穿和体现着一定的价值观念和价值追求，因而，大学生管理的价值导向不仅对管理者的管理行为和大学生的日常行为起着导向、激励和评价作用，而且会对大学生价值观的形成和发展起到重要的引导和促进作用。

例如，建立和维护良好的教育教学和生活秩序是大学生管理的重要目标，这一目标就体现了"有序"的价值，因而这一目标的执行，又会促进大学生形成"有序"的观念。同时，大学生管理是大学生教育的重要环节。为谁培养人，培养什么样的人，始终是大学生教育的首要问题，当然也是大学生管理的首要问题。显然，对这个问题的解决，必然鲜明地体现着一定的价值观念和价值追求。在我国现阶段，也就是要体现社会主义核心价值体系，体现实现中国特色社会主义的共同理想对人才培养的要求。因而，我国大学生管理的目标也必然要体现社会主义的价值导向。

（2）大学生管理的价值导向突出体现在管理理念中

大学生管理理念是大学生管理的指导思想，直接制约着大学生管理的原则和方法。大学生管理理念总是体现了社会的价值体系，并往往是社会的先进的价值观念在大学生管理中的贯彻和体现。例如，大学生管理中的"以人为本"的理念，就是我们党所坚持的"以人为本"的价值观念在大学生管理中的贯彻和体现。在大学生管理中全面贯彻"以人为本"的理念，要坚持做到"关心人、尊重人、依靠人、发展人、为了人"，必然会对学生正确认识人的价值，确立"以人为本"的价值观念产生积极影响。

（3）大学生管理的价值导向具体体现在管理制度中

科学而又严密的规章制度，是大学生管理的基本手段，是大学生管理规范化、制度化和法治化的基本保证和主要标志。而管理规章制度总是人们在一定的价值观念指导和影响下制定出来的，总是体现着一定的价值导向，具体表现为要求大学生做什么，不做什么；鼓励和提倡做什么，反对和禁止做什么；奖励什么样的行为和表现，惩罚什么样的行为和表现等。大学生管理制度中的这些规定无不体现着鲜明的价值导向。2005年教育部修订的《高等学校学生行为准则》，明确要求大学生要做到志存高远，坚定信念；热爱祖国，服务人民；勤奋学习，自强不息；遵纪守法，弘扬正气；诚实守信，严于律己；明礼修身，团结友爱；勤俭节约，艰苦奋斗；强健体魄，热爱生活。显然，这些对于大学生行为的基本要求，鲜明地体现了社会主义的价值导向。

3.复杂的系统工程

同任何管理活动一样，大学生管理也是一项系统工程，具有整体性、层次性、动态性和开放性。同时，大学生管理又有其特殊的复杂性，因而是一项十分复杂的系统工程。

（1）大学生管理任务的复杂性

大学生管理工作既要紧紧围绕大学生的中心任务，加强对学生学习行为和实践活动的管理和引导，又要切实为大学生的健康成长着想，加强对学生日常行为包括交往行为、消费行为、网络行为的管理和引导，及时发现、校正和妥善处理学生的异常行为；既要加强对大学生现实群体包括学生班级、学生党团组织、学生社团和学生生活园区的管理和引导，又要适应网络时代的新情况，加强对大学生以网络为平台形成的虚拟群体的管理和引导；既要对大学生在校园内的安全加强管理和引导，又要为大学生在校外的安全提供必要的指导和督促；既要做好面向全体学生的奖学金评定工作，以充分调动学生的学习积极性，又要做好面向家庭经济困难学生的资助工作，以帮助他们顺利完成学业；既要引导新生科学制订职业生涯规划，明确努力的具体目标，又要为毕业生提供就业、创业指导和服务，使学生能够在合适的岗位上施展自己的身手、实现自身的价值。总之，大学生管理渗透于大学生专业学习和日常生活的各个方面，贯穿于大学生培养工作的所有环节和全过程，其任务是复杂而又艰巨的。

（2）大学生的差异性和鲜明的个性

大学生管理的对象是大学生，而大学生有着显著的差异和鲜明的个性。他们各有其特殊的精神世界和思想感情，有着不同的气质、性格、兴趣、爱好和习惯。即使是同一个年级、同一个专业、同一个班级的学生，由于他们各有自己特殊的生活条件和生活经历，思想行为也各有特点。

同时，随着自主意识的增强，大学生普遍崇尚个性，追求个性的自由发展和完善。对同一个学生而言，在成长变化的不同时期也有着不同的特点。因此，大学生管理就不可能按照完全统一的标准和程序来进行，而要善于根据大学生的个性特点，因人制宜，因势利导，有针对性地开展工作。这就使大学生管理具有了特殊的复杂性。

（3）影响大学生成长的诸多因素

大学生管理的目的是促进大学生的健康成长，而影响大学生成长的不仅有学校教育因素，还有外部环境因素。外部环境的构成因素是复杂的。现实世界中，所有与大学生的学习、生活、活动和交往有关的环境因素，都会或多或少地对大学生的成长产生影响。其中，有社会的因素，也有自然的因素；有物质的因素，也有精神的因素；有经济的、政治的因素，也有文化的因素；有国际的、国内的因素，也有家庭的、学校周边社区的因素；有现实的因素，也有历史的因素。尤其是随着现代信息技术的迅猛发展，世界越来越紧密地联系在一起，大学生可以方便快捷地获取来自世界各地的信息，因而，影响大学生思想行为及其成长的环境因素也就更为广泛、更为复杂。同时，外部环境对大学生的影响也是复杂的。

一是其影响的性质具有多重性。其中有积极影响，也有消极影响，二者往往交织在一起，同时发生作用。而且，同样的环境因素相对于不同的大学生可能会产生不同性质的影响。例如，富裕的家庭经济条件对许多大学生来说是顺利完成学业的有利条件，但对有的大学生来说则成为他们铺张浪费、过度消费甚至不思进取、荒废学业的重要原因。

二是其影响的方式具有多样性。有直接的影响，有间接的影响；有显性的影响，有隐性的影响；有通过对大学生思想情感的熏陶发生作用的，有通过对大学生行为的约束发生作用的。凡此种种，不一而足。因此，在大学生管理过程中，管理者不仅要善于对大学生的学习和生活进行正确的指导，而且要善于正确认识和有效调控各种环境因素对大学生的影响，尽可能充分利用其对大学生的积极影响，防止、抵御和转化其消极影响。显然，这是一项十分复杂的工作。

4. 显著的专业特色

大学生管理传统上是经验性的事务型工作，但由于大学生管理有其特殊的管理对象、特殊的内在规律和特有的方法体系，决定了必须形成大学生管理专业视角、使用专业方法、形成专业研究模式。所以，大学生管理工作是专业性很强的工作。

（1）大学生管理的对象特点

大学生管理的对象是大学生，而大学生则有着区别于一般管理对象的显著特点。

第一，大学生是具有高度自觉能动性的人。大学生具有强烈的自主意识、突出的独立意向和较高的智力发展水平，崇尚独立思考，要求自主自治。在大学生管理过程中，大学生不仅仅是接受管理的对象，也是积极活动的主体。对于管理的要求和规章，对于管理者施加的指导和督促，他们总要经过自己的思考，做出自己的评价、选择和反应。更重要的，他们还会主动积极地参与管理活动，自觉接受管理和实行自我管理。这就要求在大学生管理中必须着力激发和引导大学生的自觉能动性，使他们能够自觉地顺应大学生管理的目标和要求，主动接受管理，积极开展自我管理。

第二，大学生是正处于成长和发展关键时期的人。他们的心理日趋成熟但还尚未完全成熟，智力迅速发展，情感日益丰富，自我意识显著增强，但又存在着诸如理智与情绪的矛盾、自我期望与自身能力的矛盾等心理矛盾。他们正处于思考、探索和选择之中，世界观、人生观和价值观正在逐步形成，思想活动具有显著的独立性、敏感性、多变性、差异性和矛盾性。他们即将走上社会，正在做进入职场、全面参与社会劳动实践的最后准备。可见，大学生有着既不同于少年儿童又区别于成年人的特点。同时，也正由于大学生还处于趋向成熟的过程之中，因而在他们身上又蕴藏着各个方面发展的极大可能性，有着发展的巨大潜力。这就要求在大学生管理中，要针对大学生的特点，切实加强并科学实施对大学生的指导和服务，以促进他们的健康成长，并使他们的身心获得最佳的发展。

第三，大学生是以学习为主要任务，并在教师的指导下进行自主学习的人。大学生的主要职责是学习，大学生的学习是由教师指导的，按照一定的制度和规定有目的、有计划、有组织地进行的。同时，大学生可以按照学校的有关规定自主地选修课程，自主地支配大量的课外学习时间。因而，大学生的学习不仅需要掌握科学的学习方法，而且需要高度的学习自觉性和有效的自我管理。这就要求大学生管理紧紧围绕大学生的学习任务，切实加强对大学生学习行为的指导和管理。

（2）大学生管理的内在规律

这是由大学生管理自身的特殊矛盾决定的。大学生管理的特殊矛盾就是社会基于对专门人才的需要而对大学生在行为方面的要求与大学生行为实际状况之间的矛盾。这一矛盾存在于一切大学生管理的活动之中，贯穿于大学生管理过程的始终，决定着大学生管理的全局。它构成了大学生管理的基本矛盾，也是大学生管理区别于其他社会实践活动的地方。大学生管理就是为解决这一矛盾而专门进行的特殊社会实践活动。

因此，大学生管理作为一种管理活动，固然要遵循管理的一般规律，但又有其区别于其他管理活动的特殊规律。大学生管理作为一种人才培养的手段，固然要遵循教育的一般规律，但又有其区别于其他教育活动的特殊规律。这就需要对大学生管理的特殊规律进行专门的探索和研究。大学生管理理论研究的任务，就是要揭示大学生管理的特殊规律。

（3）大学生管理的方法体系

大学生管理所具有的特定的管理对象和特殊的管理规律，决定了大学生管理有其特有的方法体系。由于大学生管理工作涉及面极其广泛，具有很强的综合性，因而需要掌握管理学、教育学、心理学、社会学等多方面的理论方法和技术。但大学生管理的方法体系又不是这些学科方法和技术的简单拼凑和机械相加，而是需要在系统掌握这些学科理论、方法和技术的基础上，针对大学生的特点，依据大学生管理的特殊规律和具体实际，把它们有机地结合起来加以综合运用，从而形成自己特有的方法体系。

（三）大学生管理的目标

大学生管理目标是一定时期内实施大学生管理活动所要达到的预期结果。大学生管理目标是大学生管理过程的指向、核心和归宿，规定着大学生管理的方向和任务，制约着大学生管理的手段和方法。科学地确定并正确地把握大学生管理的目标，是实施大学生管理的前提，是提高大学生管理效益的关键。

1. 大学生管理目标的体系

大学生管理目标按其地位和作用范围，可分为总目标和分目标。大学生管理的总目标是大学生管理的全部活动所要达到的预期结果。大学生管理的分目标则是各个领域、各种层次以及各个阶段的大学生管理活动分别所要达到的预期结果。总目标是分目标的基本依据，分目标是总目标的分解和具体化；总目标调节和控制着分目标的执行，总目标的实现又有待于各个分目标的实现。大学生管理的总目标和分目标相互联系、相互作用，构成了大学生管理的目标体系。

为维护高等学校正常的教育教学秩序和生活秩序，保障学生身心健康，促进学生德、智、体、美全面发展，2005年教育部颁布的《普通高等学校学生管理规定》也就是现阶段我国普通高等学校学生管理的总目标。

维护高等学校正常的教育教学秩序和生活秩序，是大学生管理的直接目标。任何管理活动的直接目标或第一个目标都是建立和维护组织的正常秩序。事实上，管理活动的产生首先就是为了规范和协调人的行为，以使组织的各项活动能够围绕组织的目标，按照一定的制度和规定有条不紊地进行。这就像一支乐队总要有一个指挥，而指挥的目的首先就是要使乐队全体成员的演奏都能够按照乐谱的规定和要求有序地进行。同样，大学生管理的直接目的也就是要引导、规范和调控大学生的行为，建立和维护高等学校正常的教育教学和生活秩序，以使学校的各项教育教学活动和学生的学习与生活能够有序地进行。

保障学生的身心健康，是大学生管理的基本要求。身心健康包括生理健康和心理健康，是生理健康和心理健康的有机统一。生理健康是心理健康的物质基础，心理健康是生理健康的精神支柱。身心健康是人的全面发展的基础和内在要求。一个人如果没有强健的体魄、振奋的精神和坚强的意志，就谈不上全面发展，也不可能成为适应社会需要的全面发展的高素质人才。

保障大学生的身心健康是培养社会合格人才的内在要求，是大学生自身成长成才的迫切需要。当代中国大学生大多为独生子女，他们是一个承载社会、家庭高期望值的特殊群体。他们自我定位比较高，成才欲望非常强，但社会阅历比较浅，心理发展尚未成熟，极易出现情绪波动。随着经济社会的发展，特别是涉及大学生切身利益的各项改革措施的实行，大学生面临的社会环境、家庭环境和学校环境日益纷繁复杂，面临的学习、就业、经济和情感等方面的压力越来越大，这些不可避免地会影响他们的心理乃至生理健康。因此，加强大学生管理，为大学生的学习、就业和日常生活提供必要的指导和服务，保障大学生的身心健康，也就具有尤为重要的意义。

促进学生德、智、体、美全面发展，是大学生管理的根本目标。培养全面发展的人，历来是具有远见卓识的教育家们追求的理想目标。马克思、恩格斯科学地揭示了人的全面发展的内涵和历史必然性，创立了关于人的全面发展的理论。

要全面贯彻党的教育方针，坚持育人为本、德育为先，实施素质教育，提高教育现代化水平，培养德智体美全面发展的社会主义建设者和接班人，办好人民满意的教育。培养德智体美全面发展的社会主义建设者和接班人，是高等学校人才培养的目标。大学生管理作为高等学校人才培养体系的重要组成部分，当然要为实现这一目标服务，以促进学生德智体美全面发展为自身的根本目标。大学生管理的分目标具有复杂多样性，主要有以下几种类型：

（1）按大学生管理的工作内容而确定的分项管理目标

大学生管理是一个复杂的系统工程，具有多方面的工作内容，包括大学生行为管理、大学生群体管理、大学生安全管理、大学生资助管理和大学生就业管理等。这就需要把大学生管理的总目标分解到各个具体工作领域之中，以形成各项管理工作的具体目标，从而通过各项具体目标的达成，实现学生管理的总目标。具体来说，大学生行为管理的目标是引导大学生自觉践行大学生行为规范，养成良好的行为习惯；大学生群体管理的目标是引导大学生群体形成体现大学精神、积极向上的群体文化，开展丰富多彩、健康有益的群体活动，充分发挥这些活动对大学生成长成才的积极作用；大学生安全管理的目标是维护学校稳定，保障学生安全，建设平安校园；大学生资助管理的目标是为贫困大学生提供基本的经济保障，促使他们健康成长和顺利成才；大学生就业管理的目标是引导毕业生树立正确的就业观念、增强职场竞争能力，帮助他们顺利找到合适的职业岗位。

（2）按大学生培养过程的不同阶段而确定的阶段性管理目标

大学生的培养过程具有明显的阶段性，各个阶段具有各自的工作重点，而不同学习阶段的大学生也各有其自身的特点。这就需要依据大学生管理的总目标和大学生培养过程的内在规律性，科学地确定各个阶段大学生管理的具体目标，并使之环环相扣、紧密衔接、循序渐进。就本科生管理而言，在一年级应注重引导学生实现角色转换，尽快适应大学的学习和生活。在二年级，应注重引导学生依据社会需要确定自己的奋斗目标，对未来的职业生涯做出初步规划，全面提高自己的知识素养和能力，有目的地发展自己的兴趣和特长。在三年级，应注重引导学生认识自身素质与社会需求的差距，抓紧时机，完善自己，提升自我。在四年级，应注重引导学生客观全面地分析自身情况，为就业或升学做好充分准备。

（3）按大学生管理主体的具体分工而确定的具体工作目标

大学生管理目标的实现有待所有学生管理部门和全体学生管理工作者的共同努力。在大学生管理工作系统中，每一个部门，每一位管理者，都有其特定的工作领域和工作职责。为了充分发挥所有部门和全体管理者的作用，并使他们紧密配合、形成合力，就要把大学生管理的总目标层层分解并落实到各个部门和相关管理者，形成部门和管理者的具体工作目标。如学生工作部（处）工作目标、学校团委工作目标、教务处学生管理工作目标、学生会工作目标、辅导员及班主任工作目标等，并使他们各司其职，相互配合，形成管理合力。只有这样，才能引导和协调学校中各个方面的力量，以保证大学生管理总目标的实现。

2. 大学生管理目标的功能

管理目标是管理活动的出发点和归宿，在管理活动中具有重要地位，能够发挥重要作用。具体来说，其主要作用有以下几点：

（1）指向作用

目标是人们行动的蓝图和灯塔。大学生管理目标是整个学生管理工作的指挥棒，对师生的活动有导向作用。大学生管理目标一旦确立，将成为整个学生管理工作的行动方向，既对师生总的努力方向起导向作用，又对具体管理活动起指导作用。

大学生管理的目标与大学生管理的效能和效率有着内在的联系，有人认为，大学生管理的效能 = 大学生管理目标 × 大学生管理效率。此公式说明，第一，大学生管理工作效率和大学生管理目标都影响着大学生管理的效能。第二，在管理效率不变的前提下，管理的效能与方向目标有正相关的关系，即在工作效率恒定的条件下，决策正确、目标明确，则管理的效能就高；反之，决策失误，目标不明或错误，则管理的效能就差。第三，如果大学生管理目标不正确，即使工作效率很高，仍然不能取得令人满意的效能。

（2）凝聚作用

管理工作是一种共同的社会劳动，共同劳动必然有共同的目标，否则就难以形成共同协作的意愿和团结奋斗的集体。在实际活动中，要使学校的各部门以及管理者、执行者，既充分发挥主观能动性，又不偏离大方向；要使各项管理职能、管理方法的运用既充分发挥各自的功能，又能形成合力，发挥导向作用，必须充分发挥凝聚作用，否则将引起管理混乱。管理目标是凝聚人们精神力量的黏合剂。大学生管理目标的确立，会产生巨大的凝聚力和战斗力，起着聚合和联结学校人力、物力和财力的纽带作用，让师生有共同的价值观，并为之努力。

当师生个体的奋斗目标与大学生管理目标一致时，在实现目标的过程中，师生的积极性和工作热情会得到极大释放，进而加强沟通了解，朝着既定目标团结一致，共同努力。

（3）激励作用

管理目标是人们行动的一种刺激诱因。根据需要设置恰当的目标，能诱发人的动机，确定行为的方向，推动人们为达到目标做出积极的努力。目标的确立会成为人们精神上的"兴奋剂"和"内驱力",因此,目标就是动力,目标越明确,动力就越大。

学生管理目标的激励作用主要表现在三个方面:一是目标确定后,能使学生明确方向,看到前景,能起到鼓舞人心、振奋精神、激发斗志的作用;二是在目标执行过程中,因为制定的目标具有一定的先进性和挑战性,有利于激发学生的积极性和创造性;三是在目标实现后,心理上会产生满足感和自豪感,会激励学生以更大的热情和信心去承担新的任务,达到新的目标。

实践表明,明确的学生管理目标能给学校领导者、管理者以及学生以巨大的精神推动力。它能促使领导者下决心组织学校全体成员协同一致地实现学生管理目标,能提高各级管理人员工作的自觉性;使大学生既能自觉配合领导者和管理者做好管理工作,又能主动、积极地参与大学生的自我管理工作。

(4)评价作用

管理目标是评价各项管理工作的成绩大小、质量高低的尺度。一般来说,对于管理工作成绩的评价,要用管理目标的完成程度、管理目标的复杂难易程度和完成管理目标的努力程度这三方面的指标来衡量。

正确而明确的学生管理目标是评价学生管理工作优劣的共同标准。有了公认的学生管理的标准尺度,才能使学校领导、管理者和全体学生目标一致、步调一致,达成比较理想的组织目标。大学生管理目标在学校领导、管理者和学生的头脑中越明确,学校领导就越能顺利地把组织目标传达给管理者,而管理者也越能自觉地接受组织目标,从而缩小目标差距,忠于职守,出色地完成工作任务。同时,学生也越能自觉执行管理目标,进行自我教育、自我管理和自我服务。

(5)控制作用

目标一经确立,就要求各部门、所有人员的活动和工作都必须朝向目标,沿着预定的方向和轨道发展。学校管理目标的可控性取决于目标的明确性和具体性,即目标要有明确具体的指标或标准,这些指标和标准是切合实际的,经过努力能够达到的。实施对学生目标的管理,要求各部门、所有师生进行自我控制,使部门和个人的活动及工作符合目标的方向和要求,以保证实际活动与预定活动一致,实现预期的目标。

3. 大学生管理目标的确立原则

（1）科学性原则

大学生管理目标的确定，必须以科学的预测为前提。只有进行科学的预测，才能准确地掌握学生管理系统内外部信息，才能预见事物的未来发展趋势，为管理目标的确定提供科学而可靠的依据。对学生管理目标进行科学预测，既要做到定性预测与定量预测相结合，又要运用现代预测手段与深入实际的调查研究相结合，唯有如此，才能使预测的结果既全面又准确，从而保证管理目标制定的科学性和可行性。

（2）系统性原则

大学生管理目标具有多层次、多方面、多时间跨度的特点，要想使管理目标顺利实现，必须形成协调一致的目标系统。其协调一致性包括总目标与中间目标及具体目标协调一致，中间目标之间、具体目标之间协调一致。制定大学生管理目标要区分轻重缓急、优先次序，以合理分配、组织资源，注重系统优化。

（3）民主参与原则

大学生管理目标的制定，不能仅依靠学校领导和管理干部的力量，还应充分发挥学生共同参与目标的制定。采取学生民主参与决策，听取学生意见和建议，集中学生智慧，既增强管理目标的科学性，又有利于管理目标的贯彻和执行。

（4）应变性原则

大学生管理的外部环境和内部条件不断发展变化，学生管理的目标应与时俱进，根据客观条件的变化适时适度地调整与修正目标。

4. 大学生管理目标确立的依据

大学生管理目标作为大学生管理活动所要达到的预期结果，其形式是主观的，但它的确定并不是主观随意的，而是围绕高等学校的人才培养目标，依据社会发展的客观要求和大学生自身发展的客观需要而制定出来的。

高等学校的人才培养目标，是确定大学生管理目标的直接依据。高等学校的人才培养工作是一个十分复杂的系统工程，大学生管理作为这一系统的重要组成部分，其目的就是通过为大学生提供各种指导和服务，以保证学校人才培养目标的实现。因此，大学生管理目标的确定也就必然要以高等学校的人才培养目标为依据。实际上，大学生管理目标也就是高等学校人才培养目标在大学生管理领域中的体现和具体化。

社会发展的客观要求，是确定大学生管理目标的根本依据。这是因为高等学校的人才培养目标，归根到底是由社会发展的客观要求决定的。同时，大学生发展的基本趋势和总体状况归根到底取决于社会发展的状况及其对人才素质的客观要求。大学生管理的实质就是引导和帮助大学生充分利用社会所提供的各种条件，发展和完善自己，以适应社会发展的客观要求。

建设社会主义现代化国家，实现中华民族的伟大复兴，需要德智体美全面发展的专门人才。我国社会主义事业发展的这种客观要求，是我们制定大学生管理目标的根本依据。

大学生自身发展的需要，是确定大学生管理目标的重要依据。大学生管理目标的确定，在主要依据社会发展需要的同时，还应当兼顾大学生自身发展的需要。

首先，大学生是正处于发展之中、具有鲜明个性的人。他们有自己的思想感情、兴趣爱好和理想追求，有丰富和发展自己的迫切需要。社会主义和共产主义的本质也就是使人的个性得到充分、自由的发展。因此，大学生管理的目标也就必然要体现大学生自身发展的需要。

其次，大学生既是被管理的对象，又是能动的主体。大学生管理目标能否实现，关键就看它能否激发大学生自我管理的主动性和积极性。为此，大学生管理目标就必须体现大学生自身发展的需要。只有这样，外在的管理目标才能转化为大学生自身的内在追求，从而激励大学生自觉地开展自我管理，不断地奋发努力。

具体来说，大学生管理目标的主要内容包括思想建设、制度建设、文化建设和队伍建设等方面。

（1）思想建设

现代管理科学把人的管理看作全部管理的核心，而人是有思想的、能动的。对人的管理不同于对物的管理。要管人，就要做人的思想工作，调动和发挥人的主人翁精神。思想政治教育在高校学生管理中占有重要地位，必须把思想政治教育渗透到学生管理中去，做到管教结合。任何重教育轻管理或者重管理轻教育的倾向，都不利于学生管理。

开展学生思想建设，必须全面落实党的教育方针，以理想信念教育为核心，以爱国主义教育为重点，以思想道德建设为基础，以大学生全面发展为目标，解放思想、实事求是、与时俱进,坚持以人为本,贴近实际、贴近生活、贴近学生,努力提高思想政治教育的针对性、实效性和吸引力、感染力,培养德智体美全面发展的社会主义合格建设者和可靠接班人。加强和改进大学生思想政治教育的基本原则是坚持教书与育人相结合,坚持教育与自我教育相结合,坚持政治理论教育与社会实践相结合,坚持解决思想问题与解决实际问题相结合,坚持教育与管理相结合,坚持继承优良传统与改进创新相结合。

一是以理想信念教育为核心,深入开展树立正确的世界观、人生观和价值观的教育。要坚持不懈地深入开展党的基本理论、基本路线、基本纲领和基本经验教育,开展中国革命、建设和改革开放的历史教育,开展基本国情和形势政策教育,使大学生正确认识社会发展规律,认识国家的前途命运,认识自己的社会责任,确立在中国共产党领导下走中国特色社会主义道路、实现中华民族伟大复兴的共同理想和坚定信念。同时,要积极引导大学生不断追求更高的目标,使他们中的先进分子树立共产主义的远大理想,确立马克思主义的坚定信念。

二是以爱国主义教育为重点,深入进行弘扬和培育民族精神的教育。要把民族精神教育与以改革创新为核心的时代精神教育结合起来,引导大学生在中国特色社会主义事业的伟大实践中,在时代和社会的发展进步中汲取营养,培养爱国情怀、改革精神和创新能力,始终保持艰苦奋斗的作风和昂扬向上的精神状态。

三是以基本道德规范为基础,深入进行公民道德教育。要引导大学生自觉遵纪守法、明礼诚信、团结友善、勤俭自强、敬业奉献的基本道德规范。

四是以大学生全面发展为目标,深入进行素质教育,促进大学生思想道德素质、科学文化素质和健康素质协调发展,引导大学生勤于学习、善于创造、甘于奉献,成为有理想、有道德、有文化、有纪律的社会主义接班人。

(2)制度建设

制度建设是管理不可缺少的强有力手段。从一定意义上说,没有规章制度就没有管理。我国大学生管理的成败得失与学生管理的规章制度建设密切相关,可以说,它是高校学生管理的生机所在。

建立现代大学生管理制度是实行科学管理的必备基础,是实现管理现代化的重要标志。多年来,大学生管理主要依靠行政管理运行。而进入法治时代,学生更注重维护自己应有的权益,不能仅靠行政手段和思想教育来解决学生的权益问题，必须依靠科学、合理、合法的严密制度来规范师生的行为，建立公正秩序。建立现代大学生管理制度的目的就是改"人治"为"法治"，真正实现以法治校。

从这个意义上说，大学生管理是通过制定和实施一系列合理的规章制度、行为规范和管理措施，对学生的思想和行为进行科学的指导和制约。可从以下三个方面来加强大学生管理的制度建设：

①建立健全规章制度

要保证学生管理工作的有效开展，必须有健全的规章制度来维护。教育部在不同时期建立健全了学生管理规章制度，制定了一系列学生管理规定，并随着社会的发展不断更新，与时俱进。自20世纪80年代以来，我国颁布的有关学生管理方面的文件有《高等学校学生行为准则》(1989年)、《普通高等学校学生管理规定》(1990年)，2005年又出台了新的《高等学校学生行为准则》和《普通高等学校学生管理规定》，随后各高校也根据自身的实际情况，修订和完善了相应的学生管理方面的规章制度，包括奖助学金管理、宿舍管理、校园文化建设、党团建设等办法，使学生管理工作朝规范化、制度化、科学化方向发展。

②坚持制度管理与思想教育相结合

既需要强制性的规章制度，也需要说理性的宣传教育，才能使学生的管理工作达到"活而不乱"的境界。大学生管理中建立的规章制度、行为规范和管理措施，表现为社会与学校的集体意志对学生的要求，一般表现为对大学生行为的外在控制力量。但是，大学生是有思想、有理智的人，他们的主体行为直接由自身的思想意识和价值观念控制。外在的规章制度只有被学生在主观上自觉地加以认识与理解并确信其价值和合理性，才能有效地贯彻大学生管理的制度、规范和措施。因此，大学生管理过程同时也是对大学生进行教育的过程。

③加强法治教育，严格执行规章制度

要把学生管理与法治教育结合起来，不断增强广大学生的法治观念，做到有制度、有管理、有执行、有监督，坚持探索学生管理工作制度建设的长效机制，形成符合法治理念的校园秩序和文化氛围。

（3）文化建设

一所学校，只有重视学校的文化建设，发挥文化的力量，才能从根本上提升学校办学的品质。大学文化建设是建设现代大学最重要的内涵，通常包括大学的精神文化、制度文化和环境文化。大学生管理要提倡重视人文管理，其中包含对人的尊重、对学术的敬畏、对遵守规则的自觉。

校园文化建设是学校管理工作的重要一环，它能促进整个学校的管理思想、管理方法的变革，对于引导学生坚定正确的政治方向，提高思想道德素质，开发学生智力，增进学生身心健康，丰富文化生活，帮助他们树立和形成良好的审美观以及和谐的人际关系，促使学生产生积极的情感和创造意识，促进学生全面成才，具有重大的意义。

校园文化包括物质文化、精神文化和观念文化三大层面。物质文化是硬文化，包括校园环境、教育设施、教学资料等，是校园文化的基础；精神文化是软文化，包括学习制度、生活制度、道德行为规范等；观念文化主要指师生的政治方向、思想意识、价值观念、心理素质、审美情趣等，是校园文化的灵魂。就学生管理工作而言，这三者之间是相辅相成、密不可分而又互相渗透的。

校园文化建设的目标是：完善学校的基础设施和文化设施，高标准地建设美化、绿化、净化的校园环境，营造文明、有序、高效、健康向上的校园氛围，加强校风学风建设、社会实践环节建设、课外科技及学术活动、课外文化体育活动等，使学生在这样的环境中养成文明的举止、健康的人格、强健的体魄，成为有理想、有文化、有道德、有纪律的社会主义现代化建设接班人。加强校园文化建设的途径有以下三方面：

①发挥校园文化的育人功能

充分挖掘学校历史传统宝贵资源，大力营造崇尚科学、严谨求实、善于创造的良好校园风气。培育自强不息、不怕任何艰难险阻、勇往直前的共同意志和奋斗精神，形成与时俱进、昂扬向上、勇于创新的共同追求和开拓意识，营造一个文明优雅的校园环境，营造健康向上的校园文化，营造良好育人环境，开展健康向上、丰富多彩、喜闻乐见的校园文化活动，将思想政治教育活动渗透在校园文化活动中。

②发挥先进典型的示范作用和学生党员的领头雁作用

提高先进典型的辐射力。开展各种评先活动，树立先进典型，弘扬主旋律，发挥榜样的示范作用。运用现实生活中的先进模范人物教育大学生，以鲜活的现实素材教育人，使他们学有方向、赶有目标。以正面教育、表扬为主，批评为辅，以专家学者的职业道德、敬业精神鼓舞青年学生。将优秀学生吸收进党组织，发挥学生党员的带头作用。

③发挥学生社团的作用

依托学生社团开展形式多样、生动活泼、丰富多彩的校园文化活动，如文化艺术节，科技节，读书节，举办学术报告会、辩论会、各种讲座，组织文艺体育比赛等，寓教育于各种有意义的活动中。

（4）队伍建设

向管理要质量、要效益，关键在于建设一支高素质、高水平的管理队伍。加强辅导员队伍建设，是加强和改进大学生思想政治教育，维护高校稳定的重要组织保证和长效机制，对于全面贯彻党的教育方针，把大学生思想政治教育的各项任务落到实处，具有十分重要的意义。

自中央关于加强和改进大学生思想政治教育的重大决策颁布以来，辅导员队伍作为大学生健康成长的指导者和领路人，得到了空前的关注和重视。《普通高等学校辅导员队伍建设规定》等文件的出台，在宏观层面上解决了一些问题，为辅导员队伍建设指明了方向。教育部在《加强高等学校辅导员班主任队伍建设的意见》中提出，要统筹规划专职辅导员的发展，鼓励和支持一批骨干攻读相关学位和业务进修，长期从事辅导员工作，向职业化、专家化方向发展。高校辅导员的专业化发展是高等教育发展的客观需要和社会分工的必然指向。

针对辅导员队伍当下存在的问题，整合是寻求辅导员队伍专业化发展、建设辅导员工作良序机制的必由之路。

①对辅导员队伍建设的价值理念和制度安排进行整合

好的理念必须辅之以好的制度安排，才会形成善治。按照专业化的取向建设辅导员队伍，是社会分工的必然指向、教育发展的客观要求，也是辅导员自身发展的内在诉求。在这一目标的指引下，逐步推动辅导员拥有专门的知识和技能、明确专门的工作领域、具备专门的职业素养，建立专门的培训机构和设施，形成专门的职业测试体系和坚强的团队支撑。这一切既需要自上而下的政策支撑，也需要自下而上的积极响应，必须汇聚全行业的力量，形成合力。

②对辅导员专业化建设的目标性和过程性进行整合

要处理好过程和目标的关系。辅导员队伍的专业化建设既是一个目标，又是一个过程，切忌急于求成。要注意政策的延展性，做好新旧机制的衔接。辅导员队伍专业化的具体目标体系能否形成规范化、具有指引性和普适性的行业标准，这是难点和重点。而要达到目标的工作进度，就要通过一个较长的过程实现辅导员队伍整体的专业化。目的性和过程性的合理整合是推进辅导员专业化工作质与量的保证。

5. 大学生管理目标的实现

制定管理目标，目的在于实现。确立了管理目标，只是学生管理开始的第一步，更重要的是把管理目标变成事实。学生管理目标的实现贯穿于管理的全过程，是一个环环相扣、首尾衔接的科学管理过程，是一项涉及学生管理全过程和方方面面的系统工程。

学生管理目标的实现是一种对学生管理目标的分解、制订计划、实施和评估的全过程管理。它要求学校管理者引导各部门和全体教职员工共同确定学生管理目标，并明确各部门、各教职工的职责、任务、标准要求。同时，学校管理者根据目标要求，协调和控制管理工作的进程，检查和评估管理任务的状况。具体来说，可以分为四个阶段。

（1）围绕目标制订计划

计划、实行、检查、总结是管理工作的基本过程。计划是管理过程的开端，制订大学生管理目标的实施计划是大学生管理目标实现过程的第一步。为使大学生管理工作能充分实现大学生管理目标，我们在制订大学生管理目标的实施计划时，必须注意计划的阶段性、计划的综合性和计划的明确性。大学生在高等学校学习过程中，大致分为入学初期阶段、中期学习阶段和毕业前夕阶段，它们各有自身的特点。所以，大学生管理目标的实施计划必须体现阶段性。马克思主义关于人的全面发展的学说证明，人才的培养必须坚持德智体美全面发展的方针，而这几个方面又是相互联系、相互渗透、相互促进的统一整体。因此，大学生管理目标的实施计划的制订，必须体现综合性。计划的明确性体现在计划必须从时间和任务两个方面提出明确、具体的指标和要求，大学生管理目标的实施计划才能顺利进行。

大学生管理目标的展开是把学生管理的总目标层层分解，落实到各部门和成员的过程。首先，根据学生管理目标的要求及目标实施中的主要矛盾，确定目标实施的战略重点。其次，根据战略重点及每个时期可能提供的条件和达到的水平，确定目标实施的战略步骤，把总目标划分为阶段目标，使目标的实施更加具体化。最后，将管理目标从内容上分解为各种不同层次的分目标，按各部门、各岗位承担的任务和责任进行层层落实，使学生管理系统成为一个既有分工又有协作的目标责任系统，调动一切积极因素，为实现总目标而共同奋斗。学生管理的目标分解和计划制订要具体、量化、有重点，既要具有一定的挑战性，又要具有可行性。

（2）分层管理，定责授权

按照现代管理学的能级管理原则，严格实行分层次管理的原则指导下的岗位责任管理，使学生的各级目标都有专人负责，避免玩忽职守或包办代替，从而保证整个学生管理目标的有效实施。

根据能级管理的要求，并鉴于目前我国行政管理系统的实际情况，大学生管理目标系统大约可以分五个层次：学校总目标、学生工作职能部门分目标、学院（系）分目标、教师（含辅导员、管理干部）分目标、学生分目标。学生管理的各级目标有学校相应的人员实际分层次的岗位管理。

要调动人的积极性，必须使每个人明确自己的责任和应有的权力。明确责任就是定责。在学生的目标管理过程中，一是建立完善的责任制，形成一种有明文规定的制度，使之对各部门、各师生有一定的约束力；二是责任的内容要明确，数量、质量、时间要确定，使各部门和各师生执行有目标，容易落实。明确应有的权力就是授权。学校管理者要给部门和师生一定范围的"自由空间"，让他们有充分的自主权来围绕既定目标进行工作，以利于下级自主管理，发挥潜力，扬其所长，谋求目标的圆满实现。

（3）检查督促，及时调控

这个环节包含检查、控制和调节等几个步骤。

检查是管理者根据行动计划，对学生的行动进行检查核对，看是否依照原定的目标轨迹前进，以便发现问题。

控制是管理者掌握目标实施的进展，采取必要措施，及时纠正学生行为的偏差，以保证目标的顺利实现。对学生管理过程的控制，主要是为学生提供人力、物力和智力等支持，创造良好的环境和条件，让学生自行纠偏，不能越俎代庖。

在目标实施过程中，由于各种原因，会出现目标实施进行不均衡和相互关系不协调的矛盾，这需要管理者进行协调和控制，化解矛盾，实现目标的均衡发展。

（4）评估质量，改进提高

现代管理学往往采取评估的方式来检查管理工作的实际效果。对学生管理工作进行评估，其作用在于使学校领导掌握学生管理目标的实现程度，做到心中有数，不仅做到定性分析，也能做到定量分析。当阶段性学生管理活动按预定要求结束时，就要用原定的目标标准作为衡量的标尺，对实际取得的成果进行评价，并及时反馈评价结果，以便及时总结经验。同时，要把评价结果与奖惩方案挂钩，以利于进一步调动学生对象的积极性和创造性。质量评估可以看到学生管理工作的优缺点，继而发扬优点、克服缺点，提高学生管理工作的质量。

质量评估工作完毕，标志学生管理阶段性目标实现周期的结束，但并不是目标的终结。目标实现是一个周而复始、螺旋上升的循环过程。在目标完成后，再制定新的目标体系，形成新的目标实现过程。

二、大学生管理的性质

（一）大学生管理的科学性

科学是对规律的揭示，规律是指事物本身所固有的、深藏于现象背后并决定或支配现象的方面。大学生管理工作是有意识、有目的的活动，既受社会尤其是学校的制约，又受学生的意识、需要、态度、动机等的影响。学校的管理有很强的计划性、规律性，学生的行为也有规律可循，相应地，大学生管理也具有科学性。

1. 目的性

大学生管理是一种有意识、有目的的活动，具有明显的目的性。与所有管理一样，大学生管理的目的是效益，即最有效地达到大学生培养的目标。我国大学生管理的目的就是按照党和国家的教育方针，培养德智体美劳全面发展的专门人才。

2. 人本性

管理要以人为中心，把提高人的素质、处理人际关系和满足人的需求，以及调动人的主动性、积极性和创造性的工作放在首位。大学生管理的人本性体现在以学生为中心的原则上，一切以学生的成长成才和实际需求为出发点，尊重学生、理解学生、关心学生，强调"管理就是服务"，而不是对学生进行"管制"；注重开发、挖掘学生的潜在能力，激发学生的自觉能动性；了解学生个性和需求的多样化，重视学生的多元化发展；充分发挥学生的主体作用。

3. 规范性

通过建立合理的规章制度和有效的运行机制，控制和激发人的内在动力，对人的行为进行规范和强制，这是管理的职能之一。学校按照国家制定的学生管理规章制度和各高校出台的管理规定，对大学生的行为进行明确规范，并用奖优罚劣等行政方法进行检查、评价和监督，从而使学生的活动达到管理的目标要求。这都具有规范性和强制性。

（二）大学生管理的教育性

大学生管理工作相对于其他管理工作，又具有教育的一些性质。

1. 政治导向性

大学生的思想道德素质如何，直接关系到我国社会主义现代化事业能否顺利开展。大学生管理必须站在历史的高度，以战略的眼光把正确的政治方向摆在工作首位，牢牢抓住为谁培养人这一关键性问题。学生管理要与时俱进，不断创新，在工作中着眼于培养学生形成正确的世界观、人生观和价值观，建立科学的行为模式，从而有效地把学生的思想和行为引导到符合社会发展的方向上来。

2. 育人性

学校的主要任务是培养人，教育是学校的基本职能，学生管理活动必须围绕这一职能，将管理过程与教育过程相结合。大学生管理必须遵循育人的原则，把育人作为管理工作的出发点。管理在本质上是一种学习和教育，通过管理人员的规范和组织，学生将外在的规范要求内化为自身素质，这既是提高学生认识的过程，又是促进学生发展的过程。

3. 服务性

大学生管理具有服务的特点和职能。

一是为学校提供服务，为学校教学科研的开展提供服务，即为学校的发展提供优良的环境、井然的秩序，保证学校各项工作的顺利开展。

二是为学生的发展成才服务。大学生管理涉及学生学习生活的方方面面，应该按照全方位育人、全方位服务的方向,为学生提供生活服务、学习服务、助困服务、就业服务、心理指导服务及党团知识培训服务等。

三是为社会发展提供服务。通过组织大学生参与社会实践活动,向社会输送智力、输送成果、输送服务,达到服务社会的目的。

第二节　大学生管理的理念与原则

一、大学生管理的理念

大学生管理工作的基本理念是对大学生管理工作规律的认识和对实践经验的高度概括,是大学生管理工作必须遵循的基本指导思想。因此,大学生管理工作应该坚持人本管理、服务育人、科学管理、依法管理的基本理念。

(一)人本管理

理性化和人性化一直是管理发展中的两条重要线索。泰罗及其科学管理理论是理性主义的典型代表,并长期居于管理思想的主流。20世纪二三十年代以来,随着"人际关系理论"以及"行为科学"的发展,人文主义逐渐占据管理思想的重要地位,人性和个人价值得到普遍认同。人本管理的思想要求在管理活动中,始终把人放在中心位置。在手段上,着眼于所有成员的积极性发挥和人力资源的优化配置;在目的上,追求人的全面发展以及由此带来的效益的最优化。

在大学生管理工作中,坚持人本管理理念就是要以学生为本,就是要树立现代学生观,尊重学生的主体地位,促进学生的个性化发展,实现学生的多样化评价。在实际工作中尊重学生的主体性、差异性、丰富性、独特性,把学生当作有血有肉、有生命尊严、有思想感情的人;以学生成长成才为中心,真正尊重学生,理解学生,关心学生,引导学生。

首先,尊重学生的主体需求,促进学生成长成才。要区分不同类型、不同层次学生的特点和需求,分层次、分阶段做深入细致的教育、管理和服务工作,建立起帮助学生成长、解决学生困难、方便学生办事、维护学生权益的大学生管理工作体系,让学生受到最好的教育。为此,大学生管理工作必须从学生的需求出发，把工作的需求与学生的成长成才需求紧密结合，把学生的当前需求与长远需求紧密结合，把学生个人的需求与群体的需求紧密结合，把表面的物质需求与深层次的精神需求紧密结合，努力培养德才兼备、品学兼优、知行合一的社会主义建设者和可靠接班人。

其次，体现学生的主体参与，实现学生的自主发展。要充分发挥学生的主体作用，引导学生参与管理实践，使学生成为管理的主人。学生参与管理的主要平台有学生会、班委会、团支部、社团联合会等学生组织，可以通过学生干部定期换届等方式，努力让每个学生都有机会参与管理。在就业管理、安全管理、资助管理等工作中，也要充分调动学生的积极性，引导学生参与相关政策制定和实施，真正实现管理依靠学生。

最后，实行民主管理。推行民主管理，尊重学生的主动性和首创性是人本理念的重要体现。为此，不仅要增强管理者和学生的民主管理意识，更要完善民主选举、决策和监督等民主管理运行机制，畅通民主管理渠道。

（二）服务育人

大学生管理工作说到底就是为大学生的全面发展和健康成长服务，而不仅仅是为了"管"学生，更不能把学生仅看作管理的对象。只有树立了管理就是服务、管理就是育人的理念，才能从根本上转变大学生管理工作的态度、思路、方法和作风。《中共中央国务院关于进一步加强和改进大学生思想政治教育的意见》明确指出，高校加强和改进大学生思想政治教育是教书育人、管理育人、服务育人相统一的系统工程。要"坚持教育与管理相结合"，要"从严治教，加强管理"，要"建立健全与大学生成长成才相适应的管理制度体系"。要时刻注意把思想政治教育融入大学生管理工作之中，建立起自律与他律、激励与约束有机结合的长效机制。

首先，要强化服务意识，着力解决学生关心的实际问题。大学生管理工作涉及关乎学生切身利益的诸多方面，比如学业问题、就业问题、经济问题和心理问题等。管理者要高度重视解决学生的这些实际问题，让学生感受到关怀与温暖，为其接受教育与引导奠定感情基础。在解决实际问题的过程中，注重和解决思想问题相结合，既办实事又讲道理，坚持管理与教育的结合，做到既关心人、帮助人，又教育人、引导人。

其次，在实施管理时要注意学生的情感因素，注意制度的刚性和管理的弹性。学生管理是做人的管理工作，人是有理性、有感情的。无论教育手段多么先进，也不能替代面对面的思想沟通；无论传媒手段多么发达，也不能替代人与人之间的感情交流。正是这种情感作用，才使得管理产生融洽和理想的效果，才能调动学生的积极性和主动性。要考虑每个学生的具体情况，采用学生最容易理解和接受的方式来实现管理。这样才能让学生乐于接受制度规范要求，主动地将其内化为自己的行为准则，从而形成良好的行为习惯和品质。

最后，要营造良好的管理氛围。良好的管理氛围不仅要求管理者对学生真诚、尊重、理解、关怀和信任，同时更要求管理者时刻注重自身形象，把形象育人作为管理育人的重要方式。要建立全员育人机制，形成全员育人、全程育人、全方位育人的格局。要创造丰富多彩的校园文化，校园文化具有丰富的内涵，对学生有潜移默化的教育和引导作用。通过校园文化活动使学生的业余生活更加丰富，能力得到锻炼，才干得到发挥，素质得到提高；使学生在浓厚的校园文化氛围中，身心愉悦，视野拓展，获得全面、和谐的发展。

（三）科学管理

科学管理是20世纪初在西方工业国家影响最大、使用最普遍的一种管理思想，其代表人物泰罗被称为"科学管理之父"。科学管理的实质在于将实践积累的管理经验加以标准化、系统化、科学化，用科学管理代替经验管理。科学管理的主体思想包括三方面：第一，提高劳动生产率是科学管理的中心问题，是确定各种科学管理原理和方法的基础；第二，在管理实践中建立各种明确的规定、条例、标准，使管理科学化、制度化，这是提高工作效能、达到最高工作效率的关键；第三，科学管理不仅在于具体的制度和方法，还在于重大的精神变革。

大学生管理工作中的科学管理，特征是规范化、制度化和模式化，其价值核心在于提高学生管理的效率，强调建立完备的组织机构、详细的工作计划、严格的规章制度、明晰的职责分工、管理的程序化和采用物质激励以及纪律约束与强制。在这种管理方式下，大学生的学习模式、纪律制度、行为准则、运作程序都实现了规范化；信息传递、各项学习生活实现了程序化，最大限度地导引学生接受正确的价值取向，实现管理效能的最大化。

为此，首先要用科学完备的制度规范引导人，尊重不等于放纵，没有规矩不成方圆。养成良好的行为习惯是学生成才的关键。为此，要大力加强大学生管理工作的制度化建设，建立科学、人性的大学生管理工作体系。此外，要构建平等和谐的师生关系，在师生互动中实现管理的和谐。管理者不应是高高在上的发号施令者，而应是积极的引导者和平等的协商者。管理者要以学生为友，平等地与学生交流，尊重学生的个性，真诚地为学生提供学业指导、生活帮扶和心理辅导。

管理者尤其是辅导员，要在管理过程中，创造性地展示自己的才华，在与学生交往、交流中实现自己的理想和人生价值，真正做到互为主体、教学相长。另外，要建立一体化工作体制机制和运行模式。加强学生工作机构的建设，强化其组织协调功能，理顺学生管理系统各部门、各层次、各岗位的职责权限关系，使管理工作与教学工作、课堂内的管理与课堂外的管理、学院与机关、机关各职能部门以及各管理者之间坚持统一标准，步调一致，形成合力，互相促进。

（四）依法管理

依法管理是依法治国方略在高校中的具体体现。大学生管理工作中强调依法管理，是指大学生管理工作必须以法律为依据，符合法律要求。也就是说，大学生管理工作过程中的决策、计划、组织和控制，都必须纳入法治轨道，不能违法违规。大学生管理工作坚持依法管理，是大学生管理工作自身的发展需求。一方面，管理对象发生了较大变化，大学生的维权意识显著增强。另一方面，管理工作面临诸多新情况、新问题，比如国家助学贷款违约、学生就业签约违约、在校学生结婚、学生意外伤害或死亡处理、学生心理问题及隐私保护等。这些新情况、新问题对大学生的依法管理提出了迫切要求。

首先，要增强法律意识，加强法律知识学习。中华人民共和国成立以来，国家制定了《中华人民共和国教育法》《中华人民共和国高等教育法》《中华人民共和国教师法》等教育方面的法律，国务院还颁布了《中华人民共和国学位条例》《普通高等学校学生管理规定》《教育行政处罚暂行实施办法》等多个法规、规章，基本形成了以《中华人民共和国教育法》为核心的教育法律法规体系。作为大学生管理工作者，不仅自身要认真学习这些法律条文，深刻理解，做到关键问题心中有数，疑难问题随时查询。同时，还要注意引导学生积极学习各种常用的教育法律、法规和规章，了解自己的合法权利、义务，增强依法维权和依法履行义务的意识，养成良好的学法、守法的习惯，为学生适应社会、推动国家法治建设夯实基础。

其次，要以法律为准绳，依法制定适用于学校实际的内部具体规章制度。目前，大学生管理工作的一般性法律法规已经比较健全，但是不同类型、不同层次、不同地区的高校有着不同的学生管理具体实际，需要按照《普通高等学校学生管理规定》等法律法规，制定适合学校实际的内部具体规章制度。

最后，要严格遵守法律法规。要把对学生的规范管理与对学生合法权益的有效维护结合起来，既严格要求，又要充分尊重和平等对待。尤其是在处理违规违纪学生时，一定要做到事实清楚，证据确凿，使用法律法规正确恰当，处理程序符合相关法律规定，做到不滥用职权，不越权，不以权谋私，公平公正。

二、大学生管理的原则

大学生管理的原则是在大学生管理工作过程中必须遵循的基本准则。新形势下，大学生管理工作主要包括方向性、发展性、激励性和自主性等基本原则。

（一）方向性原则

大学生管理工作坚持方向性原则，是涉及培养什么人、如何培养人的根本性问题。大学生管理工作是高校办学的重要方面，是学校育人环节的重要一环，社会主义大学的主要目标是培养合格的社会主义事业建设者和可靠接班人，大学生管理工作直接影响这一目标的实现。方向性原则是指确定大学生管理工作的目标，进行大学生管理工作活动，要与高校育人工作的总目标一致，要与党和国家的教育方针、政策和法律法规中规定的教育目标、管理目标等一致。

方向性原则是大学生管理工作中具有决定意义的基本原则。只有坚持这一原则，才能促进大学生管理工作沿着高等教育育人工作的总目标发展，才能保证大学生管理工作的正确方向，才能有利于培养全面发展的社会主义事业建设者和接班人。坚持方向性原则，是大学生管理工作的社会属性决定的，也是我国大学生管理工作历史经验的总结。

大学生管理工作坚持方向性原则，关键需要做到三点：

第一，增强管理者的政治意识。大学生管理工作是具有鲜明的政治方向、价值导向的。任何社会的大学生管理工作都是为一定社会、阶级服务的。不同社会的大学生管理工作目的、理念、任务、方式、方法等是有着显著差异的。然而，在我们的管理理论和实践中，往往存在着忽视管理的政治功能和价值导向的现象。因此，体现大学生管理工作的方向性，首要的问题就是增强管理者本人的政治意识，促使管理者有意识地在管理过程中思考管理的政治方向和价值导向。管理者要把方向性要求贯穿在大学生管理工作全过程和具体的活动中，引导广大学生积极投身改革开放和社会主义现代化建设，在为祖国、为人民的不懈奋斗中实现自己的人生价值。

第二，以制度的合法性体现管理的政治导向性。坚持方向性原则，就必须自觉接受党的领导，其核心是坚决贯彻党的路线、方针、政策。学校的各项制度就是贯彻党的路线、方针、政策的主要载体，是一定社会政治方向、价值导向等的具体体现。因此，学校层面制定的各类与大学生管理工作相关的制度，一定要与国家的法律法规相一致，通过合法制度来保障大学生管理工作的方向性。要注重把方向性原则融入制度建设和执行的全过程，使学生坚定社会主义的理想信念，在实践中成长成才。

第三，按时代需求及时调整管理目标。坚持方向性原则不仅体现在政治方向上，而且体现在管理是否能为党和国家的中心任务服务上。不同时期，党和国家的任务是不同的，对人才的需求也是不同的。这就要求大学生管理工作紧扣时代主题，不断调整管理目标，创新管理模式。目前，发展是时代主题，经济建设是党和国家的中心任务，要根据这一中心任务制定具体的大学生管理工作目标。

（二）发展性原则

大学生管理工作坚持发展性原则，包括两个方面：一是管理工作本身要不断发展，二是通过管理促进学生的全面发展。从管理工作本身来看，随着我国社会政治、经济、文化的不断发展，社会生活发生了复杂而深刻的变化，大学生管理工作的形势、环境、对象、任务也发生了深刻的变化，这就要求管理的体制、机制不断变化，管理方式、目标、途径及时调整，以确保大学生管理工作的实效。在通过管理促进学生全面发展方面，关键是做到以下三点：

第一，要树立发展意识。思想是行动的先导，有什么样的发展理念，就会有与之相应的管理方式和结果。传统的大学生管理工作重管理，把管住学生作为学生管理的出发点。个别管理者往往以强硬的制度规范、约束学生的行为,以训诫、命令代替沟通。这些方式往往会伤害学生的自尊心,挫伤学生的自主性,有悖于学生的全面发展。大学生管理工作坚持发展性原则亟须转变传统的观念,要有意识地把学生全面发展作为管理活动开展的前提。在大学生管理工作中,牢固树立促进学生全面发展的责任感和紧迫感,打破思维定势,以新的发展观念指导管理决策,设计管理计划,谋划学生的全面发展。

第二,要不断推动管理创新。通过管理促进学生全面发展,需要同时注重管理本身的发展,而管理的发展实际上是创新。服务于学生全面发展的管理创新就是在遵循大学生管理工作规律的基础上与时俱进,坚持继承与创新相结合,创造性地开展工作,促进学生全面成长和成才。目前,大学生管理工作的机制、途径、方法与载体都是在过去的环境条件下,针对过去的情况产生的,但是随着社会经济的迅速发展,大学生管理工作面临着新环境、新问题,大学生在思想上出现了迷惑和困扰,在观念上呈现出多元化特点。如果固守原有的管理方法必然不能较好地适应今天的需要,解决不了今天的问题。为此,创新大学生管理工作成为时代和社会赋予的重任。

第三,要统筹各方面的资源形成促进学生发展的合力。一直以来,我们在高校管理的实践工作中都强调高校学生管理包括管理学生和服务学生两大方面,但在具体操作上,管理却总是多于服务。实践证明,把职业生涯规划、生活帮扶、大学生就业指导、心理辅导等贯穿管理始终,更易于发挥学生的主观能动性、激发学生的创造性,从而促进学生的发展。要理顺学校各管理部门之间的关系,通过部门间的相互协调、相互联系,从而将组织内部各个要素联结成一个有机整体,使人、财、物、信息、资源等得以最佳配置,形成促进学生发展的合力。

(三)激励性原则

激励性原则是指大学生管理工作中利用一定的物质手段或精神手段,引导学生思想行为的变化,调动学生的积极性、创造性,使学生的潜能得到最大限度的发挥,从而实现管理目标的基本准则。在大学生管理工作中,恰当运用激励性原则,将使管理活动更易于被学生接受,更好地实现管理的目标。

激励的效果取决于在激励过程中采取的手段、方式能否针对大学生的发展实际、能否满足大学生的需要、能否在大学生内心形成自我激励的动力等。因此,在大学生管理工作中贯彻激励性原则，需要做到以下三个方面：

第一，运用正向激励手段。高校在学生管理过程中，科学、合理地运用激励机制，有助于调动大学生的能动性和创造性，改变大学生的观念、行为。正向的激励主要有两种：一种是物质上的，主要指金钱或是实物，物质利益的需求和满足是人生存和发展的必备条件。对学生进行一定的物质激励，有助于调动学生的积极性、主动性。另一种是精神上的，主要指通过各种形式的表扬，给予一定的荣誉。正向的激励有助于学生将外部的推动力量转化为自我奋斗的动力，充分发挥自身潜能，从而有效地激励学生成长成才。在大学生管理工作中，要协调好物质激励和精神激励的关系，依据学生的实际采取相应的激励手段，确保管理效果。

第二，在管理中树立典型，通过榜样进行激励。榜样使人有目标、有方向。因此，要善于树立榜样、培养榜样、宣传榜样，并鼓励学生学习榜样、争做榜样、成为榜样。

第三，采取情感激发的方式。情感是人格发展的诱因，是青年追求美好生活的动力。要确保管理目标的实现，一般都要有感情的催化。当管理者与学生平等相交、敞开心扉、相处愉快时，管理活动就比较容易开展；当双方针锋相对、互不理解时，学生往往会产生抵触情绪，管理效果就会打折扣。因此，管理者不仅要以制度约束人，而且要以真情感染人，注重沟通，消除疑虑，用欣赏的眼光去看待学生，使每一个学生的需求得以尊重、困惑得以解决、特长得以发挥。

（四）自主性原则

自主性原则是指高校在进行大学生管理工作时，使大学生参与到管理过程中来，充分调动大学生的积极性和创造性，进行民主管理，实现自我管理和自我服务。

大学生管理工作遵循自主性原则，是由两方面决定的：一方面有利于育人目标的实现。管理的目标是育人，这就要求将外在的行为规范转化为内在的思想观念，从而支配管理对象的行为。如果不调动学生的主观能动性，学生就难于接受管理，管理的实效性就难于发挥。另一方面有利于满足学生自主管理的现实需求。随着我国社会主义市场经济体制的不断完善，高等教育逐步走向经济社会发展的前台，市场经济的自主、平等、竞争、法治精神对高校师生的影响不断深化，大学生自主意识不断增强。大学生渴望在各项事务管理中充当主角，自己管理自己，充分发挥主观能动性，实现自我管理、自我服务。大学生管理工作中坚持自主性原则要做到以下三点：

第一，唤醒学生的自主管理意识。在大学生管理工作过程中，要营造轻松、愉快的氛围，使学生的自主需求得到尊重。同时，要使学生体会到自主管理的成就感，享受自主管理收获的成果。

第二，打造学生自主管理的平台。辅导员要抓好班委会、团支部、学生会等学生组织为载体的自主管理平台，增强凝聚力、吸引力，建立定期流动机制和激励机制，充分保证学生广泛地参与到自主管理中来。作为辅导员，要敢于充分"放权"，敢于把大学生管理工作交给学生，实现学生的自我管理、自我服务。

第三，加强对学生自主管理的指导。自主管理不等于放任自流，必须加强自主管理的指导，才能保证管理的方向和实效。怎样才能保证管理的方向和实效呢？有四方面的内涵：明确方向，定准目标，告诉学生工作要达到的程度和要取得的效果；定好标准，明确思路，告诉学生怎样开展工作；做好监督，对学生工作执行情况进行跟踪观察，时刻关注工作进展情况；及时反馈，帮助学生及时调整方向，确保学生工作在正确的轨道上进行。

第三节 大学生管理的过程与方法

一、大学生管理的过程

（一）大学生管理过程的含义和构成要素

1. 大学生过程性管理的含义

所谓大学生过程性管理，就是大学生管理工作者对影响和制约大学生发展和成长的各种因素及其相互关系及时做出相应调整，以实现整体目标的过程。大学生管理过程的实质，就是把握组织环境、管理对象变化、发展的情况，并根据组织目标，适时调节管理活动，在动态的情况下做好管理工作。充分认识和掌握管理过程，对于做好大学生管理工作具有非常重要的意义。因为管理行为并不能直接达到管理的目的，管理行为是一种周而复始的动态运行过程，管理的目的就是在这种管理过程中实现和完成的。充分认识和理解大学生管理过程，才能既从局部上理解管理行为的各部分内容，有助于做好大学生管理的各部分工作，又能从整体上理解由各部分内容结合而成的全部管理活动，有助于做好大学生管理的全部工作。

2. 大学生管理过程的构成要素

大学生管理过程的要素主要包括管理者、管理对象、管理手段和职能、管理目标。管理者，即谁来管理；管理对象亦即管理什么，包括人、财、物、时间、空间和信息等；管理手段和职能，即运用什么样的手段和方法、发挥什么样的功能和作用等，也就是如何管理的问题，包括运用行政方法、法律方法、经济方法和教育方法等基本管理方法，对管理对象进行预测、决策、计划、组织、指挥、协调、激励和控制等；管理目标，即朝着什么方向走，最终达到什么目标。这四个基本要素相互作用，缺一不可。

（二）大学生管理过程的特点

大学生管理过程既具有一般管理过程的特征，如目的性、有序性、可控性等等，又具有区别于其他管理过程的显著特点。与其他管理过程相比较，大学生管理过程主要有以下三个方面的特点：

1. 双向互动

大学生的管理工作是一种复杂的社会活动。社会的主体是人，人的主观能动性构成了社会活动的重要方面。因此，在管理的过程中既要发挥管理者的主导作用，也要发挥被管理者的主体作用，并努力达到两者的统一。管理过程是管理者和被管理者之间相互影响、相互作用的一种双向互动的能动过程。作为管理者，应该能动地认识和塑造被管理者，而作为被管理者，则应该在管理者的启发和引导下，进行自我管理，并达到自我教育，从而实现接受管理和自我管理过程的有机结合，使被管理者将管理者所传授的思想观念和行为规范纳入自身的思想品德结构中成为支配和控制自身思想和情感行为的内在力量，即"内化"，实现由"管"到"理"、由"他律"到"自律"的飞跃。

2. 指导与服务

大学生管理过程有别于一般管理过程就在于它以培养大学生成才为根本目标，而要实现这一目标，就必须对学校的各种资源进行分析和管理，将人、财、物、时间、空间、信息等各种管理要素组织运转起来，以求有效利用这些资源，使之发挥最大的效益，为大学生的健康成长和成才提供行之有效的指导。

3. 目标保证

大学生管理工作者在对大学生实施管理的过程中应坚持管教结合，管中寓教，教中有管。当今的大学生不仅思想活跃，而且有很强的自主意识和自尊意识，这就对大学生管理工作者的管理水平提出了较高的要求。在管理的过程中，管理者必须寓情于理，寓意于行，不断提高管理工作的水平，力争使管理的过程成为被管理者受启发、受教育和实现内化的过程，并且促使被管理者把已经形成的思想观念和行为准则转化为自己外在的行为，养成相应的行为习惯，即实现由内化到"外化"、由"自律"到"自为"的飞跃。

（三）大学生管理过程的主要环节

大学生管理过程主要包括决策、计划、组织和控制四个环节。这四个环节既相互区别，又相互联系。

1. 大学生管理的决策

大学生管理决策是指大学生管理工作者为了达到一定的目标，在掌握充分信息和对有关情况进行深刻分析的基础上，运用科学的方法，从两个以上的可行性方案中选择一个合理方案的分析判断过程。大学生管理决策过程包括研究现状、确立目标、拟订决策方案、比较和选择等阶段性的工作内容。

（1）研究现状

问题有待解决才需要决策，也就是说，决策是为了解决一定的问题而制定的。因此，制定决策，首先要分析问题是否已经存在，是何种性质的问题，这种问题是否已经对社会、对学校、对大学生自身以及未来发展产生了不利影响。应分析大学生学习、生活、各种能力的培养、实践活动以及未来就业、创业等可能遇到的种种问题和面临的挑战，确定问题的性质，把问题作为决策的起点。当然，研究这些问题的主要人员应该是学校管理人员，这不仅是因为他们要对学校的发展负责、对学生的未来发展负责，而且他们在学校中所处的地位使他们能够通观全局，高屋建瓴，易于找出问题的关键所在。

（2）确立目标

在分析大学生学习、生活、各种能力的培养、实践活动以及未来就业和创业等可能遇到的种问题、面临的挑战或者不协调之后，还要针对问题研究将要采取的各种措施应符合哪些要求，必须达到何种效果，也就是说，要明确决策的目标。确立决策目标具有以下作用：一是保证学校内部各种目标的一致性。二是为动员和分配学校的各种资源提供依据。三是形成一种普遍的思想状态或气氛，如促成一种井然有序的学习、生活秩序，形成积极投身社会实践的传统，培养一种开拓创新的良好氛围。四是帮助那些能够和学校目标保持一致的学生形成学习、实践活动和生活的核心，同时为阻止那些不能与学校目标保持一致的学生进一步参与此类活动提供一种解释。五是促成把学校总目标和不同阶段目标转化为一种分工结构，包括在学校内部把任务分配到各个责任点上。六是用一种能够对组织各项活动的成本、时间和成效等参数加以确定和控制的方式，提供一份关于组织目的和把这种目的转化为分阶段目标的详细说明。

要确立目标，需做好以下方面的工作：一是提出目标。这一目标应该包括上限目标（理想目标）和下限目标（必须实现的目标）。二是明确多元目标之间的相互关系。大学生管理目标是多重的，但是对于不同年级、不同专业的学生来说，其目标的相对重要性是不同的。在特定时期，决策只能选择其中一项作为主要目标。然而，多元目标之间的关系是既相互联系，又可能相互排斥的，如对毕业班的大学生来说，考研究生和考公务员以及求职之间就是这种既相互联系又相互排斥的关系。因此，在选择主要目标后，还要明确它与非主要目标之间的关系，以避免在决策的实施过程中将主要精力和时间投放到非主要目标活动中去，避免捡了芝麻丢了西瓜。三是限定目标。目标的执行有可能给学校和大学生带来有利的结果，也可能带来不利的结果。限定目标就是把目标执行的有利结果和不利结果加以权衡，规定不利结果在何种程度上是允许的，一旦超越这一程度则必须停止原计划，终止目标活动。一般来说，不论是何种目标，都必须符合三个基本特征：能够计量、能够规定期限、能够确定责任人。

（3）拟订决策方案

决策的关键在于选择，而要做出正确选择，就必须提供多种可供选择的方案。从实践来看，任何目标都可以通过多种不同的活动来实现，而不拟出几个实现它的方案的情况是很少的。因为对于主管人员而言，如果只有一种行事方法，那么这种方法很可能就是错误的。在此情况下，主管人员可能就不会再努力去考虑另外的能够使决策做得更好的方法。

决策方案描述了学校为实现目标拟采取的各种对策的具体措施和主要步骤，但是由于目标的实现可以采取多种不同的活动，所以应该拟订不同的行动方案。在拟订方案的过程中，首先要确保有足够多的方案可供选择。为了使方案的选择有意义，不同方案必须相互区别而不能相互包容。假如某个方案的活动包含在另一个方案之中，那么这个方案就失去了存在的意义和价值。其次，形成初步方案。一般来说，任何一个方案的产生都应该建立在对环境的具体分析和发现问题的基础之上，然后根据问题的具体性质以及解决问题所要达到的目标，提出各种改进设想，并对诸设想进行分析、整理和归类，进而形成各种不同的初步方案。最后，形成一系列可行方案。在对各种初步方案进行遴选、补充的基础上，对遴选出来的方案进行进一步完善，并预计其实施结果，这样便会形成一系列不同的可行方案。

（4）比较与选择

要选择方案，首先要了解各种方案的优劣。为此，需要对不同方案加以评价和比较。这种评价和比较主要包括以下几个方面：一是实施方案所需要的条件能否具备，具备这些条件需要付出何种成本；二是方案实施能够给学校和学生各自带来什么利益（包括长期利益和短期利益）；三是方案实施中可能遇到哪些问题，这些问题导致活动失败的可能性有多大。根据上述评价和比较，便可以找出各种方案的差异，分析出各种方案的优劣。在此基础上进行的选择，不仅要确定能够产生综合优势的实施方案，而且要准备好环境发生变化时可以随时启用的备用方案。确定备用方案的目的是对可预测到的未来变化准备充分的必要措施和应急对策，避免在情况发生变化后疲于应付而忙中添忙、乱中增乱，或束手无策而蒙受这样或那样的损失。

2. 大学生管理的计划

计划过程是决策的组织落实过程，决策一旦做出，计划就要紧跟上。计划是对决策目标的进一步展开和落实，离开了计划，决策便失去了意义。

大学生管理计划就是在决策既定目标的前提下，进一步根据实际情况，科学地、及时地预计和制订为达到一定的目标的未来行动方案。具体来说，就是将学校在一定时间内的活动任务分配给学生管理的各个部门和个人，从而为这些部门和个人的工作以及活动的检查与控制提供依据,为决策目标的实现提供组织保证。

大学生管理计划是一种协调过程,它给学生管理部门和学生管理工作者以及学生指明了方向。当所有有关人员了解了组织的目标和为达到目标必须做出的努力时,他们便开始协调相关的活动,互相合作,形成团队。而缺乏计划则会走许多弯路,从而使实现目标的过程无效率可言。大学生管理计划还可以促使学生管理部门和学生管理工作者展望未来,预见变化,以及采取适当的对策,同时减少不确定性、重复性和浪费性的活动。另外,大学生管理计划还能通过设立标准控制相关活动。在计划中必须设立目标,而在控制职能中,人们又会将实际的绩效与目标进行比较,发现可能发生的重大偏差,进而采取必要的校正行动。可以说,没有计划就没有控制。

(1)大学生管理计划的制订

一般来说,制订大学生管理计划可遵循以下程序:

①收集资料,为计划的制订提供依据

计划是为决策的组织落实而制订的,了解决策者的选择,理解有关决策的特点和要求,分析决策制定的大环境和决策执行的条件要求,是制订行动计划的前提。由于计划安排的任务需要不同专业、不同年级的大学生利用一定的资源去完成,因此,计划的制订者还应该收集反映不同专业和不同年级学生的活动能力以及外部有关资源供应情况的资料,从而为计划制订提供依据。

②目标或任务分解

目标或任务分解是将决策确定的学校总体目标分解落实到各个部门、各个岗位,将长期目标分解成各个阶段的分目标。通过分解,便可以确定学校的各个部门在未来各个时期的具体任务以及完成这些任务应达到的具体要求。分解的结果是形成学校的目标结构(包括目标的时间结构和空间结构)。目标结构描述了学校中较高层次的目标(总体目标和长期目标)与较低层次的目标(部门、岗位目标与各阶段目标)相互间的指导(如总体目标对部门目标、长期目标对阶段目标)与保证(部门目标对整体目标或阶段目标对长期目标)关系。

③目标结构分析

目标结构分析是研究较低层次目标对较高层次目标的保证能否落实,亦即分析学校在各个时期的具体目标是否能够实现,能否保证长期目标的达成,以及学校的各个部门的具体目标是否能够实现，能否保证整体目标的达成。如果处于较低层次的某个具体目标尚不能实现，那么就应该考虑能否采取一些补救措施，倘若做不到这一点，就应该考虑调整较高层次的目标要求，有时甚至要对整个决策进行重新修订。

④综合平衡

一般而言，综合平衡工作应着眼于以下三点：

一是分析由目标结构决定的或与目标结构对应的学校各部门在各时期的任务是否相互衔接和协调。具体来说，就是分析任务的时间平衡和空间平衡。时间平衡是要分析学校在各阶段的任务是否相互衔接，从而能否保证学校活动顺利进行；空间平衡则要研究学校的各个部门的任务是否保持相应的比例关系，从而能否保证学校的整体活动协调进行。

二是研究学校活动的进行与资源供应的关系，分析学校能否在适当的时间内筹集到适当品种和数量的资源，从而保证学校活动的连续性。

三是分析不同岗位在不同时间的任务与能力之间是否平衡，即研究学校的各个部门是否能够保证在任何时间都有足够的能力去完成规定的任务。由于学校的外部环境和活动条件会发生这样或那样的变化，这样就可能导致任务的调整，因此，在任务与能力平衡的同时，还应该留有一定余地，以保证这种可能产生的调整在必要时能够顺利进行。

制订并下达执行计划。在综合平衡的基础上，学校便可以为各个部门制订各个时间段的行动计划（如长期行动计划、年度行动计划、季度行动计划），并下达执行。

（2）大学生管理计划的执行

制订计划的目的在于执行计划，而计划的执行要依靠学生管理工作者和大学生的共同努力。因此，能否保质保量完成计划，在很大程度上取决于在计划执行过程中能否充分调动广大学生管理工作者和大学生的积极性。

（3）大学生管理计划的调整

计划在执行过程中，有时需要根据实际情况进行调整。这不仅是因为计划活动所处的客观环境可能会发生变化，而且可能因为人们对客观环境的主观认识有了这样或那样的改变。为了使大学生的各种组织活动更加符合环境特点的要求，必须对计划进行适时的调整。滚动计划就是为了保证计划在执行过程中能够根据情况变化适时修正和调整的一种现代计划方法。这种方法可以根据计划的执行情况和环境变化情况定期修订未来的计划，并逐期向前移动，使短期计划、中期计划有机结合起来。

由于工作中很难准确地预测将来影响发展的各种变化因素，而随着计划的延长，这种不确定性就越来越大，如果一定要按几年以前的计划实施，可能会带来一些不必要的损失。采用滚动计划能够避免这种不确定性所带来的不良后果。滚动计划的基本做法是，制订学校在一个时期的行动计划后，在执行过程中根据学校内外条件的变化定期地加以修改，使计划不断延伸，滚动向前。滚动计划方法主要应用于长期计划的制订和调整。一般来说，长期计划面对的环境比较复杂，采用滚动计划可以根据环境变化和学校内部活动的实际进展情况适时进行调整，以便使学校始终有一个作为各部门、各阶段活动导向的长期计划。当然，这种计划方式也可以应用于短期计划工作，如年度和季度计划的制订和修订。

3. 大学生管理的组织

大学生管理组织就是高校学生管理机构和学生工作管理者为了有效地实施既定的计划，通过建立管理机构，确定职位、职责和职权，协调相互之间的联系，从而将组织内部各个要素连接成一个有机整体，使人、财、物、信息、时间、技术等资源得以最佳配置和利用。

大学生管理机构设置是否科学合理，组织工作是否有效，直接关系到大学生的成长和未来发展，关系着大学生管理目标的实现。要有效地实施大学生管理，一定要使大学生管理组织机构科学化、合理化，为此，就需要构建一套科学的大学生管理机构并使之有效发挥职能。

（1）大学生管理机构及其职能

目前，各高校的学生管理工作已形成相对一致的组织结构形式，具体表现为：学校党委和学校行政→校党委副书记和副校长→团委和学生工作处→院系党总支副书记→年级辅导员→学生会。

①团委

团委在大学生管理方面的主要职能是：在学校党委的领导下，全面负责大学生团组织的建设和管理；负责对学生会和学生社团的管理和指导；组织和指导学生的社会实践活动和志愿者活动等。

②学生工作处

学生工作处同时具有行政管理职能和思想政治教育职能,既负责学生的招生、就业、奖惩、生活指导、日常行为管理等行政管理工作,又负责新生入学教育、日常思想教育和毕业生就业思想教育,如此安排为管理和教育有机结合提供了组织保障,有益于全校学生工作在学校党委宏观指导下有步骤、有计划地进行,克服了管理和教育脱节的现象。

③学生会

学生会具有比较完整的组织系统,包括校学生会、院(系)学生会以及各班级的班委会。学生会具有比较严密的管理系统,各部门、各成员之间既有分工也有合作,既是相对独立的,又是一个整体。要使大学生管理工作有效实施,必须完善、巩固和依靠学生会组织。对学生会,学校上级管理部门除了给予必要的指导外,在财力上也要给予一定的支持。同时还应该给予他们一定的权力和地位,充分发挥他们的积极性和主观能动性。由于学生会组织的结构设置涉及广大学生的方方面面,代表的是广大学生的利益,所以如何使学生会组织真正起到学生与学校之间的桥梁作用,对有效实施大学生管理工作非常重要。

④大学生自我管理委员会

目前,有一些高校开始尝试设置大学生自我管理委员会,它一般挂靠在校学生处或团委,下面设立生活保障部、宿舍管理部和风纪监察部等机构。生活保障部的主要任务是参与创建文明食堂的宣传和教育,其目的在于美化就餐环境,维护就餐秩序,对不文明行为进行纠正和制止,创建文明的生活环境。宿舍管理部主要是与学校宿舍管理办公室或物业管理部门共同对宿舍进行管理,以求为广大学生营造一个清洁、安静、舒适的学习和生活环境。风纪监察部的主要职责在于整治校园环境,可定时、定点或随时随地对学生中发生的违纪行为进行监察,同时还承担着维护食堂秩序、学校巡视以及检查学生上课迟到、早退等方面的工作。

(2)大学生管理工作者的职务设计

为了提升大学生管理工作成效,各高校正在进行学生管理工作者的新的岗位职能设计,力求实现学生管理工作者的"三化"———职业化、专业化和专家化。大学生管理工作是集理论性、知识性、实践性、时代性和时效性于一体的工作,它致力于大学生的成长和发展，应该成为一种专门的职业。

学生管理工作者既应该是学生教育管理服务工作的多面手，又应该是学生就业指导、生活学习指导、成才指导、心理咨询、形势与政策教育等方面的专业人才，唯有如此才能满足学生管理工作的需要，提高管理成效。在实际工作中，学生管理工作者不仅要能应付日常事务，还要认真研究学生工作中出现的新问题，要像专家和学者那样，把学生管理工作当作一种事业去经营、去追求，掌握学生管理工作的规律和艺术，成为学生管理工作方面的专家、学者。

（3）大学生管理队伍的人员配备

为了进一步提高高校学生管理的水平和成效，各高校应该根据教育部的要求和实际工作需要，科学合理地配备足够数量的学生管理工作队伍，在保证数量的基础上，专兼职相结合，不断优化结构。目前，各高校的学生管理工作基本上采取院系主要负责制，由院党委副书记、专职辅导员及兼职辅导员协同工作。此外，基于目前大学生就业形势的日益严峻，不少高校在大学生管理队伍中尝试配备职业指导人员，旨在为大学生成功就业提供指导和必要的帮助。

4. 大学生管理的控制

大学生管理控制是对大学生管理的计划、组织等管理活动及其效果进行测量和校正，以确保组织目标以及为此而拟订的计划得以实现的有效手段。大学生管理控制是大学生管理机构和每一位大学生管理工作者的重要职责，正确和因地制宜地运用控制手段和方法是使控制工作更加有效的重要保证。

在一个组织中，控制就是核实所发生的每一件事是否符合所制订的计划、所发布的指示以及所确定的原则。其目的就是要指出计划实施过程中的缺点和错误，以便加以纠正和防止重犯。控制在每件事、每个人、每个行动上都能起作用。因为在现代管理系统中，各组织要素的组合关系是多种多样的，时空变化和环境影响很大，内部运行和结构有时变化也很大，加上组织关系的复杂，处在这样一个复杂多变的系统中，如果组织缺少有效的控制，就很容易产生错乱，甚至偏离正确的轨道。

如果计划不需要修改，而且是在一个全能的领导人的指导之下，由一个完全安全均衡的组织完美无缺地来执行，那就没有控制的必要了。然而，现实情况往往与理想状态相去甚远，计划总是赶不上变化，在执行计划的过程中总是或多或少地会出现与计划不一致的现象，于是控制便成为一种必需。

控制是大学生管理过程中一个不可分割的部分，是管理的一项工作内容。但是，控制不同于强制，正如日本社会学家横山宁夫所指出的，最有效并持续不断的控制不是强制，而是触发个人内在的自发控制。

（1）控制的类型

根据时机、对象和目的的不同，可以将控制分为以下三种类型：

①预先控制

预先控制是在活动开始之前进行的控制。控制的内容包括检查资源的筹备情况和预测其利用效果。

②现场控制

现场控制也称为过程控制，是指活动开始之后对活动中的人和事进行指导和监督。对大学生的学习和活动进行现场监督的作用在于：首先，使学生以正确的方法进行学习，参加各种活动。通过现场监督，大学生管理工作者可以直接向学生传授学习、参加各种活动的要领和技巧，纠正其错误的做法，从而提高大学生的学习能力和实践能力。其次，可以保证计划的执行和计划目标的实现。通过现场检查，大学生管理工作者可以随时发现大学生在活动中与计划要求相偏离的现象，从而将问题消灭在萌芽状态。

③成果控制

成果控制即事后控制，是指在一项活动告一段落之后，对该活动的资源利用情况及其结果进行总结。由于成果控制发生在事后，因而对活动结果无法控制，其目的是总结经验教训，为未来计划的制订和活动的下一步推进提供借鉴。

（2）有效控制的要求

①适时控制

古往今来，人们都非常注意对管理的控制，最有效的控制不在于偏差或问题出现以后的处理和补救，而在于事先通过适时控制消除可能导致偏差或问题的各种可能性，从源头上防止偏差或问题的形成。这也就是说，纠正偏差和解决问题的最理想的方法应该是在偏差或问题未产生之前，就注意到偏差和问题产生的可能性，预先采取必要的防范措施，防止偏差或问题的产生。落实到操作上，就是建立预警系统，形成应急机制。该机制的目的是通过建立预警系统，对可能发生偏差或问题的对象的信息进行分析和研究，及时发现和识别潜在的或现实的偏差与问题，进行客观评估，采取防范措施，防止和减少偏差和问题发生的可能。

具体做法可以由各学校根据自己的实际情况，建立一支由班级、院系有关师生组成的突发事件预警队伍，该队伍的每位成员都要接受专门的培训，并且明确职责和分工，定期对本班、本系、本院的学生进行了解、评估和帮助，将有关的信息汇总到学校的突发事件干预机构，再由突发事件干预机构根据实际情况统一部署，采取相应的措施。与事后的亡羊补牢之举相比，事先的适时控制才是最重要的，与其在偏差或问题发生之后进行补救，莫若事先适时控制。

②适度控制

适度控制是指控制的范围、程度和频度要恰如其分，恰到好处。那么，如何才能做到这一点呢？一般来说，要注意以下三个方面的问题：

一是既要避免控制过多，又要防止控制不足。没有人喜欢被控制，事实上，控制多半会招致被控制者的不快，大学生亦是如此，但是不进行控制又是不现实的，因为失去控制往往会导致组织活动的混乱、低效甚至无效。那么，该如何对大学生的学习以及各种活动进行控制呢？行之有效的控制应该是既能满足对活动监督和检查的需要，又要防止与大学生产生激烈冲突。为此，要求大学生管理工作者必须注意避免控制过多，控制过多不仅会招致年轻大学生的反感，而且会扼杀他们学习和参加各种活动的积极性、主动性和首创精神，影响他们才能的发挥和能力的提高。防止控制不足，控制不足不仅会影响组织活动的有序进行，而且难以保证各层次活动的进度和比例的协调，造成资源的浪费。此外，控制不足还可能导致大学生无视学校的正当合理要求，自由散漫、我行我素，破坏学校的校风校纪。

二是全面控制与重点控制相结合。学校管理机构和学生管理工作者不可能，而且也没有必要不分轻重缓急、事无巨细对大学生的所有活动进行控制。适度控制要求学校在建立控制系统时利用 ABC 分析法和例外原则等工具，找出影响大学生活动效果的关键环节和关键因素，并据此在相关环节上建立预警系统或控制点，进行重点控制。

三是控制的产出要大于投入。一般来说，进行控制是要有投入的，衡量工作成绩和活动成效，分析偏差或失误产生的原因，以及为了纠正偏差和补救失误而采取的措施，都需要一定的花费。与此同时，任何控制，由于纠正或补救了工作或活动中的偏差或失误，又会带来一定的成效。因此，一项控制只有产出超过其投入时，才是值得的。

③客观控制

控制工作必须针对大学生学习或活动的实际情况，采取必要的纠偏措施和补救手段，促使其工作或活动继续有效推进。基于此，有效的控制必须是客观的、符合大学生实际情况的。客观的控制源于对大学生学习或活动的实际情况及其变化的客观了解和评价。为此，控制过程中采用的检查、衡量方法必须正确反映大学生活动在时空上的变化程度，准确地判断和评价各部门、各岗位的工作与计划要求相符或背离的程度。

④弹性控制

大学生在学校学习以及参加各种活动时，难免遇到各种意想不到的问题或无力抗拒的变化，这些问题或变化可能会与原有的计划严重背离。而有效地控制即使在这样的情况下也应该能够继续发挥作用，维持活动正常进行。这也就是说，真正有效的控制应该是具有灵活性和弹性的。

二、大学生管理的方法

科学实施大学生管理，不仅要系统把握大学生管理的过程，还要掌握行之有效的管理方法。大学生管理的方法是复杂多样的，各种方法都有其特殊的作用和特点。全面掌握和正确运用大学生管理的方法，是提高大学生管理效率的关键。

（一）大学生管理方法的内涵

大学生管理方法，是指在管理活动中为实现管理目标、保证管理活动顺利进行所采取的工作方式。管理方法是管理过程中不可缺少的运作工具，它来自管理实践，而又与管理理论的形成有着密切的关系。从某种意义上说，现代管理理论中一个又一个学派的出现，无不标志着管理方法的一次又一次创新。

管理方法作为管理理论、管理原理的自然延伸与具体化和实际化，是管理原理指导管理活动的必要中介和桥梁，是实现管理目标的途径和手段。管理理论必须通过管理方法才能在管理实践中发挥作用。管理方法的作用是任何管理理论、管理原理都无法替代的。如今，管理方法在吸收和运用多种学科理论和知识的基础上已逐步形成一个相对独立、自成体系的领域。

（二）大学生管理方法的类型及特点

随着大学生管理方法的日渐成熟，已逐渐形成一个相对完整的体系。

1. 法律方法及特点

大学生管理的法律方法是指以法律规范以及具有法律规范性质的各种行为规则为手段，调节大学生管理系统内外的各种关系，规范大学生管理行为的管理方法。大学生管理中所涉及的法律，既包括国家正式颁布的与大学生管理相关的法律，也包括各级政府机关所制定的具有法律效力的有关大学生管理工作的法规、规章和规范性文件。法律方法的内容，不仅包括建立和健全各种法规，而且包括相应的司法工作和仲裁工作。这两个环节是相辅相成、缺一不可的。只有法规而缺乏司法和仲裁，就会使法规流于形式，无法发挥效力；法规不健全，司法和仲裁工作则无所依从，混乱一片。大学生管理的法律方法具有如下特点：

（1）严肃性

法律和法规的制定必须严格按照法律规定程序进行，法律和法规一旦制定和颁布就有了相对的稳定性。法律和法规不可因人而异，必须保持它的严肃性。司法工作更是严肃的行为，必须通过严格的执法工作来维护法律的尊严。

（2）规范性

法律和法规是所有组织和个人行动的统一准则，对人们有同等的约束性。法律和法规都是用极严格的语言准确阐释其含义，并且只允许对它做出一种意义的解释。法律和法规之间不允许相互冲突，法规应服从法律，法律应服从宪法。

2. 公共管理方法及特点

（1）权威性

公共方法所依托的基础是管理机构和管理者的权威。管理者权威越高，他所发出的指令的接收率就越高。提高各级领导的权威，是运用公共管理方法的前提，也是提高行政方法有效性的基础。对大学生管理工作者而言，必须努力以自己优良的品质、卓越的才能去增强管理权威，而不能仅仅依靠职位带来的权力来强化权威。

（2）强制性

公共权力机构所发出的命令、指示、规定等对管理对象具有程度不同的强制性。行政方法就是通过这种强制性来达到指挥与控制管理活动的目的。但是，公共管理强制与法律强制是有区别的，表现在法律的强制性是通过国家机器和司法机构来执行的，规定人们可以做什么和不可以做什么；公共管理的强制性是要求人们在行动和目标上服从统一的意志，它在行动的原则上高度统一，但允许人们在方法上灵活多样。公共管理的强制性是由一系列的强制措施作为保证来执行的。

（3）垂直性

公共管理方法是通过公共管理系统来实施管理的，因此基本上属于纵向垂直管理。公共管理指令一般都是自上而下，通过纵向直线下达。下级组织和领导人只接受一个上级的领导和指挥，横向传来的指令基本上没有约束力。因此，行政方法的运用，必须坚持纵向的自上而下，切忌通过横向传达指令。

（4）具体性

相对其他方法而言，行政方法比较具体。不仅公共管理指令的对象和内容是具体的，而且在实施过程中的具体方法上也因对象、目的和时间的变化而变化。所以，任何公共管理指令往往都是在某一特定的时间内对某一特定的对象起作用，具有明确的指向性和时效性。

（5）无偿性

运用公共管理方法进行管理，上级组织对下级组织的人、财、物等的调动和使用不按等价交换的原则，一切根据行政管理的需要，不考虑价值补偿问题。

（6）稳定性

公共管理方法是对特定组织行政系统范围内适用的管理方法。由于公共管理系统一般都有严密的组织机构、统一的目标、统一的行动，以及强有力的调节和控制，对于外部因素的干扰有着较强的抵抗作用，所以，运用公共管理方法进行管理可以使组织有较高的稳定性。

3. 经济方法及特点

经济方法是运用各种经济手段，调节各种不同经济利益主体之间的关系，以获取较高的经济效益和社会效益的管理方法。对大学生管理而言，所谓的经济手段主要包括奖学金和罚款等。奖学金是指政府、学校、社会为表彰和鼓励优秀学生而设立的一种精神或物质奖励，其设置具有激励效应。这种激励效应是通过评奖评优等外在因素的刺激，使学生完成目标的行为总是处于高度积极状态，以进一步鼓励、激发、调动其内在的积极因素,即通过对优秀者、先进者某种行为的肯定和奖励以及对优秀事迹的宣传,达到鼓励先进,鞭策后进,引导全体学生共同进步、全面成才的目的。

经济方法具有以下特点:

(1) 利益性

经济方法是通过利益机制来引导被管理者去追求某种利益,间接影响被管理者的一种方法。

(2) 关联性

经济方法的使用范围很广,不但各种经济手段之间的关系错综复杂,影响面宽,而且每种经济手段之间的变化都会引起多方面的连锁反应。有时它不仅影响当前,而且会波及长远,产生一些难以预料的后果。

(3) 灵活性

一方面,经济方法针对不同的管理对象可以采用不同的管理手段;另一方面,对于同一管理对象可以在不同情况下采用不同方式来进行管理。

(4) 平等性

经济方法承认被管理的组织和个人在获取自己的经济利益上是平等的。学校按照统一的价值尺度来计算和分配成果。各种经济手段的运用对相同情况的大学生具有相同的效力。

4. 教育方法及特点

教育是指按照一定的目的、要求对受教育者从德、智、体诸方面施加影响的一种有计划的活动。大学生管理中的教育方法主要是指通过深入细致的思想政治教育,激发大学生的积极性和主动性,引导大学生的思想和行为,以实现大学生管理职能的管理方法。教育是管理的基本方法之一。这是因为管理的中心是人,而人的行为总是受一定的思想支配和制约,所以,在管理中就要注意做好人的思想工作,通过影响人们的思想去影响人们的行为,从而促进组织目标的实现。大学生管理作为大学生教育和培养工作中的一个重要组成部分,更要注重运用教育的手段,以增强大学生管理的教育性。教育方法具有以下特点:

(1) 启发性

教育方法重在通过通情达理的说服,启发大学生认同学校教育与管理的目标,并把个人的目标和学校教育与管理的目标紧密结合起来，从而使大学生能够自觉地遵守大学生行为规范，积极主动地为实现学校的教育与管理目标而努力。

（2）示范性

大学生管理的目的在于促进大学生的全面发展，使其个性得到张扬和完善。在这个过程中，大学生管理工作者的言传身教、人格魅力对大学生起着十分重要的示范作用。

（3）潜在性

大学生思想教育是一个春风化雨、润物细无声的过程，是一个全身心投入、彼此产生共鸣的过程，因而具有潜在性的特点。

（4）长效性

运用教育方法，可以帮助和引导大学生树立正确的世界观、人生观和价值观，从而对他们的行为起到持久的引导、激励和规范作用。

第四节　大学生管理的价值

大学生管理对社会进步、高等学校发展和大学生成长成才都有着重要的意义和价值。全面认识大学生管理的价值，是大学生管理研究的重要课题，也是切实加强和改进大学生管理的重要思想基础。

一、大学生管理价值的界定

价值本来是一个经济学的范畴，它是伴随着商品生产而出现的。在经济学领域中，价值指的是凝结在商品中的无差别的人类劳动。现在，价值范畴已经广泛地运用于社会政治、法律、道德、科技、教育、管理等各个领域之中，成了人们评价一切事物的一个普遍的范畴。因而，价值范畴又具有了哲学意义上的新的内涵。在哲学意义上，价值是指客体对于主体的作用和意义，它体现了客体的属性和功能与主体的需要之间的一种特定关系，即客体属性和功能对主体需要的满足关系。价值作为一个关系范畴，不能离开主客体中任何一方而存在。一方面，价值离不开主体，主体的需要是衡量价值的尺度，只有能够满足主体需要的事物或对象才具有价值；另一方面，价值也离不开客体，客体的属性和功能是价值的载体。价值的实质，也就是客体的属性和功能对主体需要的满足。

大学生管理的价值是指大学生管理对于社会、高等学校和大学生所具有的作用和意义，也就是大学生管理的属性和功能对社会进步、高等学校发展和大学生成长成才需要的满足。大学生管理的价值的客体是大学生管理本身。大学生管理具有能够对大学生的成长和发展、对高等学校实现教育目标、对培养社会合格人才发挥作用的属性与功能。正是大学生管理的这些属性和功能构成了大学生管理价值的基础。大学生管理价值的主体是社会、高等学校和大学生。高等学校是大学生管理的实施者。

高等学校之所以要实施大学生管理，就根源于实现教育目标的需要，而大学生管理则具有能够满足这种需要的属性和功能。因此，高等学校也就成为大学生管理价值的主体。同时，高等学校的教育目标又是依据社会对专门人才的要求和大学生自身发展的需要制定的，因此，社会和大学生也就都成为大学生管理的主体。大学生管理的价值所体现的也就是大学生管理的属性和功能对社会、高等学校和大学生需要的满足关系。大学生管理的价值具有以下特点：

1. 直接性与间接性

大学生管理的作用形式有直接作用和间接作用。因而，大学生管理的价值也就具有直接性和间接性的特点。大学生管理的价值的直接性是指大学生管理能够不经过中介环节而直接作用于价值主体，以满足其一定的需要。一般来说，大学生管理对大学生的影响和作用往往就是直接产生的。大学生管理的价值的间接性是指大学生管理需要通过一定的中介环节而间接作用于价值主体，以满足其一定的需要。一般来说，大学生管理对于社会的影响和作用往往就是通过对大学生的影响和作用而间接产生的。

2. 即时性与积累性

大学生管理价值的实现即大学生管理以自身的属性和功能对价值主体某种需要的满足总要经过一个或短或长的过程，因而，大学生管理的价值也就具有即时性与积累性的特点。大学生管理的价值的即时性是指大学生管理活动在短时间内就能够迅速达到目标，从而满足价值主体的某种需要。例如，给大学新生中家庭经济困难的学生及时办理助学贷款，以使他们能够跨进大学、安心学习；对学生中发生的突发事件要及时处理，以保障学生安全和校园稳定等。

大学生管理的价值的积累性是指大学生管理往往要经过一个相当长的过程，通过长期的工作积累，才能达到目标，从而满足价值主体的需要。例如，建立良好的教育教学秩序，以满足高等学校人才培养工作的需要；培养学生良好的思想品德和行为习惯，以满足社会发展与学生自身发展的需要等。这些不是一朝一夕所能实现的，而是需要长期的工作积累。

3. 受制性与扩展性

大学生管理价值的实现要受到其他种种因素的影响。这是因为大学生管理的价值就是对大学生成长成才的作用和意义。而大学生的成长成才则还要受到高等学校内部其他因素和外部环境因素的影响。因而，大学生管理在大学生成长成才中作用的发挥，也就必然受到其他种种因素的制约。当其他因素对大学生的影响与大学生管理的作用方向相一致，大学生管理就容易收到实效，大学生管理的价值也就易于实现。反之，如果其他因素对大学生的影响与大学生管理的作用方向不相一致，大学生管理就难以收到实效，大学生管理的价值也就难以实现。

大学生管理的价值的扩展性是指大学生管理可以通过大学生的活动和影响对高等学校内部其他工作和外部环境因素发生作用，从而使自身价值得到扩展。例如，大学生管理通过对学生科技创新和创业活动的鼓励和支持，激发起学生科技创新和创业的积极性，这就必然会推动学校的教学创新，以提高学生的科技创新能力和创业能力。再如，大学生管理通过对学生日常行为的引导，使学生养成遵守社会公共道德规范、自觉维护公共秩序和环境卫生的行为习惯，这就必然会对学校周边环境的优化产生积极的影响。

4. 系统性与开放性

大学生管理的价值的系统性是指大学生管理的价值是一个由多种维度、多种类型的内容构成的有机整体。按价值的主体，可分为社会价值、高校集体价值和个体价值。社会价值是大学生管理对社会运行和发展的作用和意义；高校集体价值即大学生管理对高等学校运行和发展的作用和意义；个体价值即大学生管理对大学生个体成长和发展的作用和意义。按价值存在的形态，可分为理想价值和现实价值。理想价值是大学生管理价值的应有状态，即大学生管理所追求的最终价值；现实价值是大学生管理的实有状态，即在现实条件下已经实现或正在实现的价值。按价值的性质，可分为正向价值和负向价值；按价值的大小，可分为高价值和低价值。

大学生管理的价值就是由上述各种价值组成的系统。大学生管理的价值的开放性是指大学生管理的价值会随着价值主体需要和大学生管理功能的变化发展而变化发展。随着社会的发展，大学生管理服务对象的需要在变化发展，这就必然会促使大学生管理的功能发生相应变化，从而使大学生管理的价值得到增强和拓展。例如，随着计算机网络的发展及其对大学生的双重影响，要求大学生管理必须加强对大学生网络活动的管理和服务，从而使大学生管理的价值拓展到网络空间之中。

二、大学生管理的社会价值

大学生管理的社会价值是指大学生管理对社会运行与发展的作用和意义，即大学生管理的属性和功能对社会运行与发展需要的满足。大学生管理的社会价值集中表现在它是培养中国特色社会主义建设合格人才的重要手段，是构建社会主义和谐社会的内在要求。

（一）培养合格人才的重要手段

中国特色社会主义事业的发展需要千千万万的高素质的劳动者、专门人才和一大批拔尖创新人才。高等学校是人才培养的重要基地，其中心任务就是要为中国特色社会主义建设培养合格的专门人才。而大学生管理则是高等学校人才培养工作的重要手段，在培养合格人才中发挥着不可或缺的重要作用。

1. 维护正常的教育教学秩序

高等学校的教育教学活动总是按照一定的制度和规章有目的、有计划、有组织地进行的，建立和维护正常的教育教学秩序是高等学校教育教学工作的内在要求和基本条件。这就需要有严格的、科学的管理，包括大学生管理。大学生管理在维持高等学校教育教学秩序中具有特殊的作用。

在大学生管理中，实行严格的学籍管理。按照一定的制度和规定，有序地做好有关学生的入学与注册、课程和各种教育环节的考核与成绩记载、转专业与转学、休学与复学、退学、毕业与结业等各项工作，是建立正常的教育教学秩序的基础。实施系统的学习管理，引导学生明确学习目的，提高学习的主动性和自觉性，规范学生的学习行为，督促学生自觉遵守学习纪律和考试纪律，形成良好的学风，是建立正常的教育教学秩序的关键。加强对学生班级、学生社团等学生群体的管理，引导学生紧紧围绕学校的教育教学目标，有序地开展班级活动、社团活动和其他课余活动，是建立正常的教育教学秩序的重要条件。总之，大学生管理是建立和维护正常的教育教学秩序的重要保证。没有有效的大学生管理，就不可能有正常的教育教学秩序。

2. 激励、指导和保障学生的学习活动

高等学校教育教学的过程是教师与学生双向互动、"教"与"学"辩证统一的过程。其中，"教"是主导，"学"是关键。学习是大学生的主要任务，是大学生能否成为合格人才的关键。而大学生管理则对大学生的学习行为起着重要的激励、指导和保障作用。

大学生管理对学生学习行为的激励作用主要表现在引导学生充分认识大学学习的社会意义和个体价值，明确学习目的，以激发学生的学习动机；运用颁发奖学金和授予荣誉称号等方式，表彰学业优秀的学生，以鼓励学生勤奋学习；把竞争机制引入学生的学习活动，围绕学生的专业学习，组织各种竞赛活动，以激发学生的学习热情。

大学生管理对学生学习行为的指导作用主要表现在指导新生了解大学阶段学习的特点和要求，促进他们尽快实现学习方式从被动性学习到自主性学习的转变；指导学生根据社会需求和自身实际制订职业生涯规划，确定自己的职业生涯发展方向，从而明确学习的目标；指导学生掌握科学的学习方法，养成良好的学习习惯，不断提高自主学习的能力和学习效率；指导学生积极开展社会实践活动，注重在实践中加深对专业理论知识的理解，在实践中提高自己的专业技能。

大学生管理对学生学习行为的保障作用主要表现在加强资助管理，切实做好助学贷款和助学金的发放工作，组织和指导学生的勤工助学活动，为家庭经济困难学生安心学习、顺利完成学业提供必要的经济条件；开展学生学习心理的辅导，帮助学生克服学业焦虑等各种消极心理，以积极健康的心态对待学习等。

3. 培养学生的思想品德

中国特色社会主义建设所需要的合格人才不仅要具备良好的专业知识和能力素养，还要具备良好的思想品德。所谓思想品德，是指人在一定的思想体系指导下，按照社会的言行规范行动时，表现在个人身上的相对稳定的特征。它是以心理因素为基础的思想与行为的统一体。培养大学生良好的思想品德，不仅需要深入细致的思想政治教育，还需要有效的管理。这是因为人们良好思想品德和行为习惯的形成，是一个由他律到自律的过程。大学生各个方面还未成熟，发展尚未稳定，加之各个学生的思想基础不同，接受教育的主动性、积极性和自觉性各不相同，因此，大学生自我管理、自我约束的能力尚有欠缺并存在差异。

要帮助大学生提高自理、自律的水平，使他们能够自觉地遵循社会的思想规范、政治规范、道德规范和法纪规范，并形成良好的行为习惯。在加强思想政治教育的同时，必须加强对大学生各个方面的管理，注重大学生日常行为规范的训练。通过大学生管理，科学制定并严格执行各项规章制度，强化行为管理和纪律约束，使大学生的学习、交往等各个方面的行为能够按照一定的规范有序地进行，不仅有助于培养大学生良好的行为习惯，也可以为思想政治教育创造良好的环境条件，从而增强思想政治教育的效果。

（二）构建和谐社会的内在要求

1. 大学生管理是维护社会稳定的重要保证

安定有序是社会主义和谐社会的内在要求和重要特征，也是实现社会和谐的基本条件。稳定是社会安定有序的基本内容和重要表现，也是改革、发展的前提。高校稳定是社会稳定的重要条件，高校稳定的关键在于大学生。这是因为大学生的思想尚未成熟，存在着显著的矛盾性。他们关心国家发展，关注时事政治，追求民主自由，并具有较强的政治参与意识，但尚缺乏政治经验和社会生活经验，政治辨别能力不强，因而容易受到社会上错误思潮和不良倾向的影响。

同时，大学生正处于青年期，情感具有强烈性。这既使大学生热情奔放，勇往直前，又使大学生易于冲动，甚至失去理智。成千上万的大学生集中在校园内，如果缺乏正确的引导和有效的管理，一些不良的倾向和问题很容易在大学生中扩散开来，并造成不良的社会影响。因此，切实加强大学生管理，正确引导大学生的社会活动和政治行为，妥善解决大学生在学习、生活、交往和就业中碰到的各种矛盾与问题，及时处理大学生中发生的各种突发事件，以保持高等学校的稳定，对于维护社会稳定、实现社会安定有序具有特殊的意义。

2. 大学生管理是构建和谐校园的重要手段

高等学校是现代社会中不可或缺的重要社会组织，担负着培养人才、推进科技进步、传播先进文化的重要任务。构建和谐校园，是构建社会主义和谐社会题中应有之义，也是推进高等学校科学发展的内在要求。加强大学生管理，引导和组织大学生积极发挥在和谐校园建设中的主体作用，是构建和谐校园的重要保证。加强大学生管理，建立和完善学生参与民主管理的组织形式，引导、支持和组织学生依法参与学校的民主管理和实行自主管理，切实维护和保障学生在校期间享有的权利，引导和督促学生全面履行法律规定的义务，自觉遵守国家法律和学校管理制度，能够有力地推进高等学校的民主法治建设。

加强大学生管理，妥善地协调学生与学校、学生与教师之间的关系，维护学生的正当利益，实事求是地评价学生的思想品德和学业成绩，公正地实施奖励和处分，正确地处理学生中的各种矛盾和问题，可以使公平正义在校园中得到弘扬。加强大学生管理，督促学生在学习考试、科学研究、人际交往和日常生活中坚持诚实守信，做到不作弊、不剽窃，引导学生尊敬师长、友爱同学、团结互助，进而在校园中形成诚信友爱的良好风气。

通过大学生管理，充分调动学生的积极性和创造性，围绕专业学习开展丰富多彩的社团活动和社会实践活动，鼓励、组织和支持学生开展科学研究、进行创造发明、尝试创业活动，才能使校园真正充满活力。通过大学生管理，建立和维护学校正常的教育教学秩序和生活秩序，加强学生的安全教育和管理，保障学生的身心健康，有效地预防和妥善地处理学生中的突发事件，努力建设平安校园，才能使校园实现安定有序。通过大学生管理，引导和督促学生自觉维护校园环境，节约水、电等各种资源，才能使校园成为人与自然和谐共处的生态校园。

3. 大学生管理是促进大学生集体和谐发展的重要手段

包括大学生党团组织、班级、学生会、社团等在内的大学生集体是大学生政治生活、学习生活和日常生活的基本组织形式，直接影响着大学生的思想和行为，是大学生思想政治教育和管理的重要载体。大学生集体的和谐发展，不仅直接关系着大学生个体的健康成长和全面发展，也直接关系着高等学校的和谐稳定和科学发展。

大学生管理包含对大学生集体的管理，因而在促进大学生集体和谐发展中具有十分重要的作用。通过大学生管理，引导大学生集体自觉遵守学校的制度和规定，紧紧围绕学校的人才培养目标和学生成长成才的需要，积极开展丰富多彩的集体活动，充分发挥大学生在自我教育、自我管理中的作用，可以促进大学生集体的发展与学校发展的和谐与统一。

通过大学生管理，切实加强大学生集体的思想建设、组织建设、制度建设和作风建设，引导大学生增强集体意识，主动关心集体发展，积极参与集体活动，弘扬团结互助精神，不断增进同学友谊，注重相互沟通与交流，及时化解各类矛盾，可以促进各个大学生集体自身的和谐发展。通过大学生管理，引导大学生党团组织、班级、学生会、社团等各类大学生集体正确处理相互之间的关系，加强相互之间的沟通和协调，做到相互配合、相互支持，形成大学生自我教育、自我管理的合力，可以促进各类大学生集体的相互和谐与共同发展。

三、大学生管理的个体价值

大学生管理的个体价值是指大学生管理对大学生个体成长与发展的作用和意义，即大学生管理的属性和功能对大学生个体成长与发展需要的满足。大学生管理的个体价值主要表现在引导方向、激发动力、规范行为、完善人格和开发潜能等几个方面。

（一）引导方向

大学生管理具有突出的导向功能，对大学生的成长和发展起着重要的导向作用。大学生管理的导向作用，主要表现在以下三个方面：

1. 坚持正确的政治方向

政治方向是政治立场、政治观念、政治态度、政治品质和政治信念的综合体，是人的素质中的首要因素，决定着人们思想和行为的基本倾向。我们党历来强调在人才培养中必须把坚定正确的政治方向放在第一位。当今世界，随着经济全球化和信息技术的迅速发展，国际形势趋于复杂，西方意识形态的渗透日益加剧。引导大学生确立坚定正确的政治方向即坚持中国特色社会主义的方向，这是高等学校的一项极为重要而又十分紧迫的任务。要实现这一任务，首先要加强大学生思想政治教育，同时也要加强大学生管理。这是因为大学生管理的社会属性决定了大学生管理必然具有鲜明的政治方向性,并对学生的政治方向发挥引导作用。

事实上,我国《普通高等学校学生管理规定》和《高等学校学生行为准则》都明确要求大学生应当确立在中国共产党领导下走中国特色社会主义道路、实现中华民族伟大复兴的共同理想和坚定信念。加强大学生管理,严格执行《普通高等学校学生管理规定》,引导和督促大学生自觉遵守《高等学校学生行为准则》,加强对大学生的行为,尤其是政治行为的管理和指导,引导学生正确行使依法享有的政治权利,防止和抵制各种腐朽意识形态对大学生的影响,及时纠正校园中出现的错误倾向,维护和保障校园的政治稳定和政治安全,对于引导大学生坚持坚定正确的政治方向无疑具有重要作用。

2. 引导价值取向

价值取向是指人们基于自己的价值观在面对或处理各种矛盾、冲突、关系时所持的基本价值立场、价值态度以及所表现出来的基本价值倾向。价值取向决定和支配着人们的价值选择,制约着人们思想和行为的方向。市场经济的发展在促进社会生产发展和人们思想观念更新的同时,也容易诱发人们产生利己主义、拜金主义和享乐主义的价值观念。随着经济全球化的发展和国际交往的扩大,西方的各种价值观念也渗透进来。

因此,引导大学生掌握社会主义核心价值体系,坚持正确的价值取向,有着尤为重要的意义。如前所说,鲜明的价值导向是大学生管理的一个显著特点。大学生管理通过坚持和贯彻体现社会主义核心价值体系的管理理念,制定和执行以培养社会主义建设合格人才为根本宗旨的管理目标体系和管理规章制度,对大学生的价值取向发挥重要的引导作用。

3. 促进业务发展方向

引导大学生确定既符合社会需要又符合自身实际的奋斗目标,明确以后就业发展的方向,可以引导他们把自己的主要精力和时间投入实现既定目标的专业学习和实践活动之中,从而促使他们早日成才。大学生管理在引导大学生职业发展方向上的作用集中表现在,通过对学生学习活动的指导,引导学生根据相关专业的要求和自己的兴趣爱好,确定专业学习的目标,从而明确在专业学习方面努力的方向;通过对大学生职业生涯规划的指导,引导学生根据社会需求、职业发展的趋势和自身的主观条件与愿望,确定自己的职业理想,从而明确自己职业生涯发展的方向。

（二）激发动力

高等学校的系统教育为大学生的成长和发展提供了良好的条件，而大学生能否健康成长和全面发展，关键在于大学生自身的主观努力即主观能动性的发挥。因此，要促进大学生的成长和发展，就必须注重激发大学生的内在动力，充分调动他们的主动性和积极性。大学生管理具有显著的激励功能，在激发大学生内在动力方面具有突出的作用。

需要是人的行为动力的源泉，是行为动机产生和形成的基础。人的积极性的发挥及其发挥的程度，归根到底取决于其需要能否得到满足以及满足的程度。大学生管理坚持以人为本的管理理念和服务学生的管理原则，关心学生的实际需要，维护学生的正当权益，扎扎实实地为大学生的成长和发展提供各方面的指导和全方位的服务，因而也就必然会对大学生发挥重要的激励作用。

人的行为总是指向一定目标的，目标是人们期望达到的成果和成就，能够激发人的内在积极性，鼓励人们奋发努力。人们对目标的达成满足自身需要的价值看得愈大，估计目标能够实现的可能性愈大，目标的激发力量也就愈大。大学生管理遵循社会发展要求与大学生自身发展需要相统一的原则，科学地制定管理的目标，着力引导大学生根据社会需要和自己的兴趣爱好、主观条件合理地确定自己的学习目标和发展目标，从而对大学生发挥重要的激励作用。

奖励和惩罚是大学生管理的重要方法，其目的就是通过运用正、负强化手段，控制大学生行为结果的反馈调节作用，以维持和增强大学生努力学习和践行大学生行为准则的主动性和积极性。奖励是通过奖赏、赞扬、信任等褒奖形式来满足大学生的需要，使其感到满足和喜悦，从而更加奋发努力的正强化手段；惩罚是通过造成被惩罚者某种需要的不满足而使其感到痛苦和警醒，从而变消极行为为积极行为的负强化手段。大学生管理通过恰当地运用奖励和惩罚，鼓励先进，鞭策后进，从而激励全体大学生奋发努力。

（三）规范行为

大学生管理的一项重要任务就是科学制定和严格执行各项管理规章制度和纪律，以规范大学生的行为，促使其形成文明的行为方式和良好的行为习惯。

制度建设是大学生管理的重要内容。大学生管理中的制度建设，就是依据社会发展要求、人才培养目标和大学生健康成长与发展的需要，科学制定和不断完善各项规章制度，使大学生明确应该做什么、不应该做什么，应该怎么做、不应该怎么做，并引导和督促大学生规范自己的行为，逐步形成文明的行为方式。教育部新修订的《普通高等学校学生管理规定》和《高等学校学生行为准则》就是现阶段大学生管理的基本规章制度，为规范大学生行为提供了基本的规定和准则。

纪律是一定的社会组织为实现组织目标而要求其全体成员必须共同遵守并赋有组织强制力的行为规范。它是建立正常秩序、维系组织成员共同生活的重要手段，是完成各项任务、实现组织目标的重要保证，因而成为大学生管理中不可或缺的重要手段。在大学生管理中，通过严格执行学习、考试、科研、集体活动、校园生活、安全保卫等各个方面的纪律，以约束和调整学生的行为，并对违纪行为及时做出恰当的处罚，可以有效地引导和规范学生的行为，促使其良好行为习惯的养成。

自我管理是大学生管理的重要路径。自我管理的一项重要内容就是启发学生的自觉性和主动性，引导学生自觉遵守管理制度，主动地用体现社会要求的大学生行为准则规范的行为，实行自我约束和自我监督。这种自我约束和自我监督，既表现在大学生个体的自我管理中，也体现在大学生群体的自我管理中。在大学生班级、寝室、社团等群体的管理中，充分发挥学生的主体作用，引导学生在民主讨论的基础上，形成全体成员共同遵守的规章制度，并相互监督执行，不仅有助于营造良好的群体氛围、实现群体的目标，而且有助于提高全体成员规范和约束自己行为的自觉性。

（四）完善人格

人格是一个人所具有的稳定而统一的心理特征的总和。通俗地讲，人格就是指一个人的品格、思想境界、情感格调、行为风格、道德品质、精神面貌等。人格既是个人发展状况的集中表现，也是个人发展的内在主观条件。人的全面发展内在地包含着人格的健全和完善。大学生管理以促进大学生的全面发展为根本目的，因而必然注重培育大学生健全的人格，以促进他们形成崇高丰富的精神境界、高尚优秀的道德品质、积极健康的心理品格。大学生管理在完善大学生人格方面的作用，主要表现在以下两个方面：

1. 优化环境影响

环境是影响大学生人格形成和发展的重要因素，对大学生的人格具有陶冶和感染的重要作用。"近朱者赤，近墨者黑"，说的就是这个道理。大学生管理在营造良好的校园环境、优化校园环境影响方面具有重要作用。大学生管理通过制定和执行合理的规章制度，建立和维护正常的校园秩序；通过有效的学习管理和班级管理，促进良好学风和班风的形成；通过对大学生交往活动的管理和引导，优化校园的人际环境；通过对大学生网络活动的管理和指导，净化校园的网络环境；通过对学生社团和学生课余活动的管理和指导，形成积极向上、丰富多彩的校园文化生活环境；通过对学生生活园区的管理和学生日常行为的指导，为学生营造安定有序、文明健康的日常生活环境；等等。

2. 指导行为实践

实践是大学生人格形成和发展的基本途径。大学生所接受的各种教育影响，只有在实践中通过他们亲身的体验，才能真正为他们所理解、消化和吸收。大学生行为习惯的养成、实践能力的提高等，更是自身长期实践活动的结果。因此，大学生管理通过对大学生行为和实践活动的管理和指导，进而对大学生人格的完善发挥重要作用。

（五）开发潜能

人的潜能是指人所具有的有待开发、发掘的处于潜伏状态的能力。它包括人的生理潜能、智力潜能和心理潜能。人的潜能是人的现实活动力量的潜伏状态和内在源泉。人的能力的发展，在一定的意义上也就是开发潜能，使之转化为现实活动力量即显能的过程。人的潜能是巨大的。美国心理学家威廉·詹姆斯认为一个正常人还有 90% 的潜能尚未利用。由此可见，人的潜能的开发具有十分广阔的前景。大学生正处于成长和发展的关键时期，着力开发他们身上所蕴藏的丰富潜能，将他们内在的潜能转化为从事社会建设的实际能力和现实力量，是大学生培养工作的重要任务。大学生管理作为大学生培养工作的重要组成部分，在开发大学生内在潜能方面发挥着不可或缺的作用。大学生管理在开发大学生潜能方面的作用，主要是通过以下三种途径来实现的：

第一，指导学习训练。学习和训练是开发潜能的基础。只有通过系统的学习和训练，掌握必要的知识和方法，才能使潜能得到正确的、有效的发挥。大学生管理通过对大学生的学习活动的管理和指导，引导大学生确立正确的学习目的，掌握科学的学习方法，不仅可以充分发掘大学生在学习方面的潜能，以提高他们的学习能力，而且可以促进大学生系统地掌握专业理论知识和方法，从而使他们在专业方面的潜能得到开发和发展。

第二，运用激励机制。激励是开发潜力的重要手段。通过激励，可以充分调动人的主观能动性，打破安于现状的消极心态，振奋人的精神，转变人的态度，激发人的兴趣，调整人的行为模式，从而达到开发潜能的目的。而激励则是大学生管理的重要手段。大学生管理运用激励机制，通过引导学生明确努力方向和成才目标，奖励成绩优异、表现突出的学生，可以调动大学生的主动性和积极性，激发他们奋发向上的进取精神，从而促使他们不断地开发自身内在的潜能。

第三，组织实践活动。实践是潜能转化为显能的中介和桥梁。人的潜能只有在实践中才能逐步显现出来，得到实际发挥，从而转化为显能。大学生管理通过支持和指导学生的社团活动和社会实践活动，鼓励和引导学生的科技服务和科技创新活动等，可以为大学生提供丰富多样的参与实践活动的机会，使他们的潜能在实践中得到开发。

第三章 中华优秀传统文化与大学生管理的融合

本章为传统文化与大学生管理工作，主要从三个方面进行阐述，依次是中华传统文化中蕴含的管理思想、中华优秀传统文化与大学生管理融合的必要性以及传统文化融入大学生管理工作的途径。

第一节 中华传统文化蕴含的管理思想

近几年，随着对中华优秀传统文化的研究越来越深入，尤其是在高校对学生的管理工作上，要把学生管理与中华优秀传统文化有机地联系在一起，使学生管理工作的质量得到不断提升。然而大学生群体存在个性差异大、自我控制能力不足的问题，给学校对大学生的管理工作带来了很大的麻烦。而把中华优秀传统文化与高校的管理结合起来，既能让学生在优秀的传统文化中汲取养分，又能促进学校的管理工作。

中华优秀传统文化包含着经历了几千年沉淀总结而成的教育理念，这些教育理念是中华优秀传统文化中的精髓。其中"以人为本"的思想早在2000多年前就已经出现。而在现代教育界，也在强调"以学生为中心"的观念，重视学生在教育中的主体地位，力求调动学生学习的主体性，在教学管理中对学生的需求给予充分考虑，力求实现教育的目的。"以人为本"的思想认为每一个学生都有自己的特点，在教学中，教师要根据学生的特点来选择合适的教学方法，以最大限度地发挥学生的潜能。现代教育实行的大课堂的上课形式更有必要利用这样的方法进行尝试。随着新时代中华优秀传统文化的发展，人只有把身体和精神都培养起来，才能起到榜样的作用，影响别人。在现代教育界，教师对学生的影响是巨大的，所以，提高教师的素质就显得尤为重要。

一、儒家的管理思想

儒学自孔子创立以来,历两千五百余年,对中华文明一直有着深远的影响。至今,其思想精髓仍被人们从修身、处世、办学、从商、治国等多方面去消化吸收。特别是从治国管理角度,历代帝王将相多以儒学作为执政的理论之基。所以,研究儒学,提炼其管理思想,并进行深刻的理解、消化、分析,这对当今从事管理工作的人员来讲可说是极宝贵的智慧财富。

(一)儒家管理思想的主要内容

儒家的思想博大精深,儒学的书籍浩如烟海,儒学的理论源远流长,但总结儒学管理的核心思想,其本源仍在先秦时期的思想家,而以后历朝历代的大儒虽对儒学理论的发展也有多方面的贡献,但从治国的角度,则多是以打上时代烙印的治国策略为多。所以,全面总结儒学管理思想的精要实际主要体现在如下几方面。

1.修身、齐家、治国、平天下的管理思维

儒家管理具有很理性的思维模式,即管理能力的培育应从小到大,管理能力的鉴别也应以小见大。所以儒家讲治天下先要治己,即修身、齐家,而后能治国、平天下。毫无疑问,这一思想是极富辩证法的。

《大学》是儒家经典,出自《礼记》,它所讲到的管理思想就强调修身与治国之间的关系,讲修身是治国之要,而修身的根本则是诚意。《大学》阐释修身而后齐家,而齐家和治国,其道理无二。自己的情绪不能把握,家尚且管理不好,何以谈管理国家。所以君子不用走出家门也能显示出其治理国家、教化百姓的能力。孝与忠是一致的,敬与事是一致的。而由慈爱子女也可推及其管理百姓的品德。以小见大,《大学》进一步阐释修身与治国之间的关系,认为君子有了光明的德行,才有百姓跟随,有了百姓的支持,才会拥有国家。

所以儒家学说认为管理的根本是个人的品德和素质。而高尚的品德和好的素质就有凝聚力,就如同众星捧月,这是最普通的道理。

沿此管理的思维模式,古人在用人荐人方面尤其重孝。汉王朝就曾提以孝治天下。汉初,承秦之弊,社会秩序极为混乱,为了免蹈秦亡覆辙,汉代统治者便精心设计治国的伦理理论,那就是以孝求忠。汉初思想家受《孝经》"夫孝,始于事亲，中于事君，终于立身"观念的影响，从理论上把孝从家庭道德观念向社会道德观念推进，从而把握了忠孝的合一。如陆贾曾说："在朝者忠于君，在家者孝于亲。"① 这种"忠孝一体"的思想，就为汉以孝治天下找到了理论基点。西汉中期，董仲舒又将孝与其神秘的哲学体系相联系，对孝的观念进行理论上的深化，用阴阳五行的方法解释孝的观念，他说："孝子之行，取之土。土者，五行最贵者也，其义不可以加矣。"② 到了东汉时期，《白虎通义》又把《孝经》视为治国安民的法典，要求统治者"广孝道"，而这一时期以迷信强化孝观念的做法则更把孝治推向顶峰。此外，孝的范围进一步扩大，如师徒关系亦套父子关系等。这样，孝在汉代便逐渐发展成为一种统治者管理思想最基础的核心范畴之一。

孝在汉代封建政权和官僚制度上留下了极深的烙印。"举孝廉"制确立是其表现。以孝廉为选拔官吏的标准，对汉皇朝有非常重要的意义。实际上，汉朝人才辈出，这主要得益于"举孝廉"。以孝为本，由孝及忠，这是高层次的治国思想。故正确的思想教育现在仍是治本的管理手段。

2. 仁为核心的管理原理

儒学管理思想的核心就是仁，故不论孔子，还是孟子，他们就管理而论首先强调的就是仁。

（1）孔子的仁统论

孔子的管理思想内容虽多，但仁居首。

《论语·颜渊篇》里季康子问政于孔子曰："如杀无道，以就有道，何如？"③ 孔子对曰："子为政，焉用杀？子欲善而民善矣。君子之德风，小人之德草，草上之风，必偃。"④

《论语·阳货篇》里子张问仁于孔子。孔子曰："能行五者于天下为仁矣。""恭、宽、信、敏、惠。恭则不侮，宽则得众，信则人任焉，敏则有功，惠则足以使人。"⑤ 这里实际是讲恭、宽、信、敏、惠都是仁的具体内容。

《周易》讲："与天地相似，故不违。知周乎万物而道济天下，故不过。旁行

---

① 葛荃.中国古代行政管理思想史[M].天津：天津人民出版社，2016：165.
② 董仲舒.春秋繁露[M].周琼，编.呼和浩特：远方出版社，2005：87.
③ 南怀瑾.论语中的名言[M].上海：人民出版社，2019：138.
④ 同③.139.
⑤ 邵培仁.华夏传播理论[M].浙江：大学出版社，2020：279.

而不流，乐天知命，故不忧。安土敦乎仁，故能爱。"① 故在儒家看来，天地的精神主要是："天行健，君子以自强不息"②"地势坤，君子以厚德载物"③，故天地有生养万物之功，故天地的精神为仁。也正因此，孔子认为仁是至高无上的。

（2）孟子的仁理论

孟子对仁治的道理则有更具体的解释。他说："老吾老，以及人之老；幼吾幼，以及人之幼。天下可运于掌。""古之人所以大过人者，无他焉，善推其所为而已矣。"④

齐宣王和孟子探讨称霸图强之道。孟子答以仁政。孟子说："今王发政施仁，是天下仕者皆欲立于王朝，耕者皆欲耕于王之野，商贾皆欲藏于王之市，行旅皆欲出于王之涂，天下之欲疾其君者，皆欲赴愬于王。其若是，孰能御之。"⑤ 这里孟子大意是说：现在大王如果能改革政治，施行仁政，使天下做官的人都愿在您大王的朝中任职，天下的农民都愿在大王的田地上耕种，天下的商人都愿到大王的街市上交易，天下的行人旅客都愿到大王的国土上游历，天下那些对自己的君主不满的人都愿来投奔您大王。如果情况是这样，就没有谁能跟大王做对。

3. 政者，正也的管理示范

儒家治国理论特别强调管理者的表率作用。《论语·颜渊篇》讲道：季康子问政于孔子。孔子对曰："政者，正也。子帅以正，孰敢不正？"⑥ 这里就是讲为政者必须严格要求自己，一身正气，而后其管理才会有勇气，有号召力，才易于成功。否则上梁不正下梁歪，而当社会风气一旦坏到难以收拾的地步，则民心丧尽，国家的治理就非常困难了。

宋朝的包拯以铁面无私成为传诵千古的正义代表，他铡驸马、铡包勉，凛凛正气令皇帝也惧他三分。俗话说邪不胜正，其深奥的道理不难体味。

孟子对正也有独到的论述，他说："我善养吾浩然之气。"公孙丑问："敢问何为浩然之气？"孟子曰："难言也。其为气也，至大至刚，以直养而无害，则塞于

---

① 南怀瑾. 论语中的名言[M]. 上海：人民出版社，2019：49.
② 王子娇. 易经初解[M]. 桂林：漓江出版社，2019：13.
③ 邱新盛，温永南. 石文化读本[M]. 江西：科学技术出版社，2017：127.
④ 关立勋. 孟子名言译评[M]. 北京：华文出版社，2002：7.
⑤ 侯景新. 传统文化与现代管理[M]. 北京：光明日报出版社，2009：5.
⑥ 王贵水. 官德的力量[M]. 北京：联合出版公司，2012：110.

天地之间。其为气也,配义与道,无是,馁也。是集义所生者,非义袭而取之也。"①
这里是说为政者做事要符合道义,堂堂正正,无愧于心,如此才能建立威信。"三讲"中也有"讲正气",故正气是我们做好管理工作所必须具备的。

4. 中庸之道的管理方法

中庸也是儒学中重要的管理思想,它最早被孔子提出,后被孔子的孙子子思系统化,再后来历代大儒也都论及中庸。

子思是孔门中很有影响的学者。南宋朱熹曾为《大学》《中庸》《论语》《孟子》作注,故此又称《四书》。明清时期《四书》成为科举必考之科目,《中庸》的影响也愈加深远。

中庸,朱熹《四书》注曰:"不偏不倚,无过不及之名,庸,平常也。"②《中庸》云:"喜怒哀乐之未发,谓之中;发而皆中节,谓之和。中也者,天下之大本也;和也者,天下之达道也。致中和,天地位焉,万物育焉。"③

总之,中就是不偏不倚,做任何事情都应把握度,恰到好处才好,如果做得"过分"或者"不及",都不会达到目的。相反,偏激是导致事物失败或走向反面的重要因素。"物极必反""否极泰来"皆言此理。中庸之道被儒家视为最高的道德。

中庸之学在管理中可以给我们提供如下很多的借鉴和启发。

(1) 以和为贵

和为贵三字,妇孺皆知,许多人还将其书之厅堂,榜于门楣,大抵是崇尚和睦、和气、和谐、团结、共生、共赢之意。和为贵是孔子晚年的学生有子说的,原话是:"礼之用,和为贵,先王之道斯为美,小大由之,有所不行,知和而知,不以礼节之,亦不可行也。"④

自古以来,为《论语》作注者很多,众说纷纭,但大多认为"和为贵"的"和"就是"事之中节者",即恰当、恰到好处;有的认为,"和为贵"就是以维持社会秩序和人际关系的和平、和气、和谐为贵、为先、为重;还有的认为,礼的运用,要和缓从容,才算得上最高境界。

弘扬和为贵的思想,就是要提倡宽宏大度、体谅包容、和谐共存、协调并进,

---

① 余建忠. 大学国文精读[M]. 云南:云南大学出版社,2018:33.
② 南怀瑾. 话说中庸[M]. 北京:东方出版社,2022:133.
③ 于民. 中国美学史资料选编[M]. 上海:复旦大学出版社,2008:73.
④ 叶童. 领导统驭术[M]. 北京:西苑出版社,1999:79.

就是要提倡平等待人、诚恳待人、宽厚待人、以理服人，使我们的同志特别是领导干部，为人处世注意保持博大胸襟，宽容一点，谅解一点，豁达一点，糊涂一点。不要斤斤计较、是是非非、小里小气，而是能够听得进、容得下、想得开。当前，我们倡导的构建和谐社会发挥着越来越大的作用，一个"和"字，其威力的显示无处不在。它贯穿民族、区域，甚至到超越国家的世界和谐。这一理念体现了中华优秀传统文化的博大与深奥。

（2）刚柔并济

《礼记·杂记下》里写道："张而不弛，文武弗能也；弛而不张，文武弗为也，一张一弛，文武之道也。"[1] 这里意思是：绷紧而不松弛，不是文武之道；松弛而不绷紧，也不是文武之道。绷紧和松弛相循环，才是文武之道。

用人亦如此，要文武兼备，刚柔并用。制人方面，中庸则演绎成恩威并施，这点甚至现在的西方人也用的出神入化。

世界上没有绝对的好与坏，好与坏相互依存，共同存在。药能治病，也能带来一定的副作用；子弹能杀人，同样也能维持和平。对人太宽厚了，则会出现"马好被人骑，人好被人欺"的局面；对人太严厉了，则会使自己的部下万马齐喑，毫无生气。有一利必有一弊，不能两全。高明的统治者深谙此理，趋利避害，莫不运用红白脸相间之策。

（3）进退有节

为政者不可过刚、过精，当进则进，当退则退，当隐则隐，当显则显。《菜根谭》讲："藏巧于拙，用晦而明，寓清于浊，以屈为伸，真涉世之一壶，藏身之三窟也。"[2] 这里是讲：人再聪明也不宜锋芒毕露，不妨装得笨拙一点；即使非常清楚明白也不宜过于表现，宁可用谦虚来收敛自己；志节很高也不要孤芳自赏，宁可随和一点；在有能力时也不宜过于激进，宁可以退为进，也不要太积极冒进，这才是真正的处世法宝。

乾隆进士、"扬州八怪"之一郑板桥被罢官后以卖书画为生。有一天，他去潍县云峰山观赏碑刻，天晚了便投宿到乡村一个自称"糊涂老人"的家里。"糊涂老人"是一位朝廷退隐的官员，谈吐文雅，举止不俗，他请郑板桥在砚台上题

---

[1] 仲新朋.中华典故[M].长春：吉林文史出版社，2019：388.
[2] 李志敏.中华处世绝学[M].第2版.北京：京华出版社，2006：33.

字。郑板桥就其名写了难得糊涂四字。实际上，这里道尽了为政者失败的一个重要教训。俗话说：人至察则无徒，水至清则无鱼。这是非常有道理的。

（4）模棱两可

在有些事情很难下明确结论时，不妨用模棱两可，随人理解的办法处理，这样断事可双方都不得罪；还有有些棘手的问题也不妨用简练、模糊的语言交代下属，暗示其执行，而对不可预测的结果又为自己留有余地。

（5）不动声色

中庸之道还在有效控制自己的情绪，不走极端，从而让对手不能察觉自己，让属下感觉为君的神秘莫测，从而不敢轻举妄动。如刘备就是典型的喜怒不形于色。对自己的欲望念头不可纵容，应当采取抑制的办法加以制止，最关键的方法则在一个"忍"字。对别人所要求的事情不能拂逆，应当采取顺应的手法予以控制，关键的方法就在一个"恕"字。这是有大学问的。

《菜根谭》讲："性躁心粗者，一事无成；心平气和者，百福自集。"[①]意思是性情急躁粗暴、粗心大意的人，没有一件事情能够做成功；心地平静、性情温和的人，所有的幸福都会降临到他的头上。这值得深思。

总之，中庸之道，变化无穷，尽可妙用。如当今领导艺术的平衡协调也是典型的中庸之道。

（二）儒家管理思想对历史发展的影响

儒家管理思想对我国历史发展的影响最大，特别是在盛世王朝，儒家管理思想则更是多居主导地位，其表现就是盛世帝王均以仁政治国，且此时多有伟大的思想家出现。

1. 汉武帝"独尊儒术"

汉武帝刘彻崇尚儒学，堪称以儒治国的大师。当时，他重用大儒董仲舒，并采纳其"大一统""罢黜百家，独尊儒术"等天人三策，并把儒学确立为治国的指导思想，从此一直到清末，儒学均被各代帝王视为治理国家的首要理论根据。

汉武帝十六岁那年（公元前140年）即位坐天下。因为他年纪较轻，所以实权并不掌握在他的手中，而是在祖母窦太后手中。

[①] 陈思城. 低调的智慧[M]. 北京：中国城市出版社，2013：57.

众所周知，汉初黄老之学盛行，窦太后也如此，她不但好读《老子》，而且谁讲《老子》不好，她就要恼火。但是，年轻的汉武帝毕竟是锐意进取的，在刚即位的几年，即初步进行改革。从现有史籍看，汉武帝还是做了不少事。结果，全国各地推举上来100多人才，其中有品德优良的称为"贤良"，以文词见长的叫做"文学"。汉武帝命令这些人在长安笔试，合格者又经过汉武帝面试。这一次考核得到第一名的就是大名鼎鼎的董仲舒。他的"大一统""罢黜百家，独尊儒术"的主张，就是这次汉武帝面试对策中提出来的。另外，汉武帝还对百姓施行一些减轻负担的措施。如罢去苑马的喂养，把苑地赐给贫民刍牧采樵等。此外，武帝还及时处理了景帝时吴楚七国之乱的积案，赦免了不少罪犯。

汉武帝刘彻因偏爱儒家学说，于是就吸引了一批儒生在自己周围。其中，王臧，兰陵(今山东苍山县西南兰陵镇)人，战国时，大儒荀子曾为楚国兰陵令，所以兰陵这个地方很有点儒学传统，王臧从鲁地大儒申公学《诗》，汉景帝时曾为太子少傅，也就是汉武帝当太子时的老师，后免去。汉武帝刚登皇位后，王臧立即上书，愿到宫禁中为汉武帝宿卫。于是汉武帝把王臧调到身边，一路升迁，一年工夫，就升到郎中令的职位。郎中令是九卿之一，掌管皇帝的宫殿门户和皇家身边的参谋班子。另一位汉武帝任命的御史大夫赵绾也是儒生，并且也是申公的学生。再加上丞相窦婴等也爱好儒术，这样，年轻的汉武帝周围，几乎组成了清一色的儒家核心领导集团。

赵绾、王臧两人提出，要依照古礼在长安城南建立一个明堂以朝诸侯。建明堂以朝诸侯，乃是一个强调皇帝最高权威的特定礼仪。汉武帝一听，大为高兴，说办就办。不过，赵绾、王臧两人觉得自己学古礼还不透彻，对建明堂以朝诸侯的一整套礼节了解得还不周全，建议汉武帝请他们的老师申公来长安。于是，汉武帝立即令使者，备上束帛加玉璧等礼物，以"安车蒲轮"去鲁地迎接申公来长安。安车是四马驾驶的有卧位的车子，蒲轮是在车轮子四周绑上蒲草以减轻震动。因为申公这时已年80岁，所以给予特殊礼遇；另外，还有申公的弟子二人，乘两马驾驶的轻便车，随从申公同时进京。到了京师，汉武帝接见，问以治乱之事，并任命申公为太中大夫，住在鲁王驻长安的官邸中。后来，因窦太后阻挠，建造明堂一事暂时搁置，赵绾、王臧也被窦太后所杀。

但窦太后死后，汉武帝又将官府里不治儒学五经的太常博士一律罢免，黄老、刑名等诸子百家之言都被排斥在官学之外。罢黜各地举荐的法家人物及纵横家人物等，而再次起用儒生。这样董仲舒、公孙弘等大儒相继入朝为官，渐渐地，官吏便主要出于儒生。汉武帝以儒学治天下，开创了我国历史上一个辉煌的时代。

2. 唐太宗"守成以文"

李唐王朝马上得天下，但如何守天下，朝中文武大臣曾在唐太宗的主持下进行过激烈的辩论。一派意见认为，打天下靠武力，治天下也要靠武力；另一派意见则认为，马上得天下，但不能马上治之，要偃武修文，实行文治。经过众臣的讨论，太宗最后得出结论说："戡乱以武，守成以文，文武之用，各随其时。"[①] 守成以文的提出，形成了唐太宗以文治国的指导思想。唐太宗认为，要实行文治，首先要提高统治者的文化素养。还要用儒家思想对人民实行教化，这样才能保证社会的安定。

唐太宗尊崇儒学，他即位后，马上设立了弘文馆，选拔天下精通儒学的学者入馆，并经常与馆里的学者讨论治国之道。他还下令以孔子为先圣，令全国各级学校都要设立孔子牌位，官立学校从此形成祭孔的习俗。唐太宗还大量征集天下有学问的儒生为学官，并给他们很高的待遇。《五经正义》集历代儒家研究之大成，它的编撰标志着儒学经典的统一和儒家正统地位的进一步确立。

3. 宋太祖"以文修政"

宋太祖赵匡胤利用军权发动政变，当了皇帝。自古是狡兔死，走狗烹；鸟兽尽，良弓藏。但对待手下将领，宋太祖却采取了完全不同的做法。这就是历史上有名的杯酒释兵权。

宋太祖没有屠杀功臣，没有兴大狱，通过妥善安置和平稳妥地解决了功臣震主的问题。

实际上，吸取历史教训，自开国宋太祖就确立了以文治天下的国策。据叶梦得所撰《避暑录话》记载：建隆三年（公元962年），赵匡胤曾叫人密刻一碑，立于寝殿的夹室，称为"誓碑"。誓碑用销金黄幔遮盖，并叫人严加看守。他亲自告谕有关部门，这个誓碑不可以随意示众，但遇祭祀大典和以后有新皇帝即位之时，有关部门必须奏请皇帝去恭读誓辞。他还规定，皇帝诵读誓碑上的誓辞，必须叫不识字的黄门小太监随从，其余的官员皆远立庭中，只能皇帝一个人跪在誓

---

① 王厚香，汲广运. 沂蒙传统家教文化研究 [M]. 北京：九州出版社，2020：126.

碑前默诵。

如此神秘和隆重的谒碑仪式，使好几代群臣及近侍只知道有其碑，而谁也不知道碑上的誓辞究竟写了些什么内容。直到金兵入侵，汴京沦陷，誓碑的面目才得以展露。赵匡胤以仁行政，以文治国的思想贯穿他执政始终。开宝七年，赵匡胤命令将军曹彬讨伐江南。出征时，赵匡胤严格地训诫他们，要讨伐别国，绝不可对当地人民施以暴力，掠夺他们的财物。宋朝要扩展自己的威信，必须记住要让别人心服口服地归顺，不可求功心切而滥杀无辜的百姓。

开宝九年（公元976年），吴越王钱俶来访宋朝。钱俶要回去时，赵匡胤叫住他，交给他一包黄色绸布包着的小包，他说，回国途中再拆开，千万别让别人看到。钱俶在途中打开一看，才知道那是宋朝大臣所上的奏折，写着入朝的钱俶要让他留在宋朝，不可让他回国。钱俶很感谢陛下的恩泽。正是由于宋太祖宽厚仁慈，以文治国，故手下大臣亦潜心研究儒学。赵普在为宰相时，每遇有朝廷大事，为定大议，回到家就关门，自启一箧，取一书，而读之有终日不抬头者，虽家人也不知是什么书。及至翌日出，则事决矣，用是为常。后来，赵普去世后，家人才得以打开其箧，见其绝无旁籍，只是《论语》二十篇。

宋祖的文治导致宋朝儒学的繁盛。特别是庆历以后，宋儒注释经文，研究义理，从而导致儒家理学的诞生。如王安石作《三经新义》，解释《尚书》、《诗经》和《周礼》，欧阳修作《易童子问》，孙复作《春秋尊王发微》，朱熹作《四书集注》等。在众经之中，宋儒最重视《周易》《春秋》和《礼记》，因为它们最富于哲理，集中体现了儒家的内圣外王之道。宋儒治《易经》者，主要有邵雍(《皇极经世》)、周敦颐(《太极图说》)、程颐(《伊川易传》)和朱熹(《周易本义》)。宋儒治《春秋》者亦极多，如孙复、孙觉、刘敞、崔子芳、叶梦得、吕本中、胡安国、吕祖谦等，皆有大作传世。宋儒之重《春秋》，与强调君臣大义及其内忧外患的特殊背景有关，诸经之中唯《春秋》讲外王学最详。宋儒更重四书，以《大学》为孔子遗书，初学入德之门，以《中庸》为孔门心法，以《论语》和《孟子》为道统本源。儒家的经典到宋代发展为十三经，即《周易》、《尚书》、《诗经》、《周礼》、《仪礼》、《礼记》、《春秋左传》、《春秋公羊传》、《春秋穀梁传》、《论语》、《孝经》、《尔雅》和《孟子》。宋光宗绍熙年间三山黄唐合刊的群经注疏最具代表性，这就是影响深远的《十三经注疏》。

4. 明太祖"仁义安民"

朱元璋也很崇尚儒学。元至正十六年（公元 1356 年），明太祖朱元璋率领部队进攻集庆，水陆两路齐头并进，一举攻破了陈兆先的大营，除活捉陈兆先外还俘获了 36000 多兵士。被俘的兵士十分恐惧，担心朱元璋会杀了他们，因为他们知道，陈兆先是陈野先之子，去年朱元璋曾活捉陈野先后放了他，但陈野先不讲信义却联合元兵攻打朱元璋。这次朱元璋一定要报复他们了。不料，朱元璋不仅释放了陈兆先，还当众委任陈兆先为部将，让他率兵继续去攻打集庆。众降兵的疑惧一时还不能消除。朱元璋走进降兵行列，选了 500 名身体健壮的兵士，当众宣布，这 500 名兵士担任自己的卫士。当晚，朱元璋把旧有的卫士全部调离主帅军营，只留下卫士长冯国用一人与自己同住。夜深后，朱元璋关上军帐门，解甲安寝，一觉睡到大天亮。这一来，众降兵的疑惧全部消除了。十天后，冯国用率领这 500 名卫士充当先锋队，冲锋陷阵，格外勇猛，很快就攻下了集庆。朱元璋进入集庆城，召集了当地官吏父老，对他们说，你们各守旧业，不要疑惧，原来当官的还是当官，原来经商的还是经商，贤人君子，我会礼待他，旧政有不妥的，我会一一革除。明太祖朱元璋在打天下的时候，军队纪律严明，得天下后，明太祖朱元璋不仅极力提倡儒学、推崇孔子，还规定学校诸生必须学习儒家的经典《大学》《论语》《中庸》《孟子》《诗经》《尚书》《礼记》《易经》《春秋》等，并将《大诰》颁布全国，每家一部，诏令国民认真学习，了解国家法律，达到遵纪守法的目的。凡不收藏、不阅读者，则以法治罪。

由于明太祖朱元璋提倡儒学，到明成祖朱棣执政时，这一治国思想亦得延续。鉴于历史上各个学派对儒家经典解释的不一致，明成祖朱棣下令组织当时的著名学者根据程、朱等宋代理学家的注疏，编成了《五经四书大全》和《性理大全》二书，并将这两部书颁发到各级衙门和各级学校。从此以后，这两部书就成为官府和学校的必读书，科举考试的内容也以此为准。到了明中叶以后，儒学思想研究更是迎来历史上的又一个鼎盛时期，那就是以陆九渊、张九成、王阳明等为代表所创立的儒家心学。

总之，儒学管理是治本，其内容博大精深，故圣明的帝王多用之，并不断发扬光大。

二、道家的管理思想

道家理论为2000多年前的老子所创立，后为庄子等不断丰富和发展，渐成体系完整的一家之说。道家理论的具体内容涉及养生、处世、治国等多方面，特别是从管理的角度，其思想同儒家和法家可谓是大相径庭。

（一）道家管理思想的主要内容

一阴一阳谓之道，道家的管理思想无一不体现了阴阳的辨证哲学，即目的和手段往往是相反的两方面。但"有""无""同出而异名，同谓之玄。"故"有无相生，难易相成，长段相形，高下相盈，音声相和，前后相随，恒也。"[1]也就是道家多用逆向思维来处理问题。那么，具体总结，我们可以把道家管理的核心内容归总为如下。

1. 无为而治

道家最核心的管理思想就是"无为而无不为"[2]。老子、庄子等的思想均集中于此。

老子讲："以正治国，以奇用兵，以无事取天下。吾何以知其然哉？以此：天下多忌讳，而民弥贫；民多利器，国家滋昏；人多伎巧，奇物滋起；法令滋彰，盗贼多有。故圣人云：'我无为而民自化，我好静而民自正，我无事而民自富，我无欲而民自朴。'"[3]意思是用道来治国，以计谋来用兵，用无为的态度来治理天下。老子是根据什么知道这些的呢？依据如下：天下的禁令愈多，老百姓就愈贫穷；民间的凶器愈多，国家就更加黑暗；人掌握的技术智巧愈多，奇异的事物就更加蜂拥而起；法令愈严明，盗贼就愈多。

庄子认为，民的本性应是质朴纯真，无知无欲，与禽兽为伍，寒而衣，饥而食，一切都顺其自然，这就是人们的素朴之性，如果能顺其人们的自然本性，这样的治理就是至德之世。制定规章制度、礼乐仁义、道德法章等是对人性的最大破坏。为了使民保持纯朴之性，统治者应不尚贤，杜绝圣人和智士；不用所谓的礼法仁义去约束天下之民，这样民得其自然之性，就会自由地生息发展。只有不要圣人

---

[1] 侯景新.传统文化与现代管理[M].北京：光明日报出版社，2009：42.
[2] 王家春.画说道德经[M].北京：人民美术出版社，2020：106.
[3] 同②.160.

与仁义，不贵珠玉符玺之宝，打碎斗斛称量，才会杜绝匪盗，老百姓才会没有争执而保持朴鄙之性。统治者不要礼乐法规，而要以无为治理天下，《庄子·在宥》云："故君子不得已而临莅天下，莫若无为。无为也，而后安其性命之情。故贵以身于为天下，则可以托天下。"[1] 这里是说如果不得已而君临天下，那么应采取无为而治的办法，要顺民之自然，使民有安定的生存环境，天下就会自然太平。

总之，道家无为的思想主要就是弱化人们的欲望，从而以减少纷争，节约管理成本；另外，无为还利用社会发展的惯性来保持社会的稳定，即以无事扰民避免了很多新问题的出现。

2. 崇尚节俭

道家管理经济方面的内容主要就是崇尚节俭。老子在《道德经》第五十九章讲："治人事天莫若啬。夫唯啬，是谓早服。早服谓之重积德，重积德则无不克，无不克则莫知其极，莫知其极可以有国，有国之母可以长久。是谓深根固柢，长生久视之道。"[2] 意思是管理人民侍奉老天没有比节省更好的了。正因为节省，才能尽早作好准备。早作准备就是不断积蓄德，不断积蓄德则没有不可战胜的，没有不可战胜的则没有人能知道他的极点，没有人能知道他的极点就可以保有国家，保有国家的根本就可以长久。这才叫根深柢固，长久生存的道理。

老子在《道德经》第六十七章讲："我有三宝，持而保之，一曰慈，二曰俭，三曰不敢为天下先。慈故能勇，俭故能广，不敢为天下先，故能成器长。今舍慈且勇，舍俭且广，舍后且先，死矣。"[3] 意思是我有三件宝贝：第一件叫慈爱，第二件叫节俭，第三件叫做不敢走在天下人的前面。因为慈爱，所以能勇敢；因为节俭，所以能宽裕；因为不敢走在天下人的前面，所以能够成为大器。现在舍弃慈爱，只求取勇敢；舍去节俭，只求取宽裕；舍去退后，只求取争先，其结果只能是死亡。

这里讲的节俭实际上是人内在修为的体现，即神闲气静，淡泊明志的人才会做到这一点。

庄子借知和之口，强调治国者、执政者的政德、政风，主张富贵者、权势者必须清心寡欲，居安思危，不为富贵、权势所累，尤其不能贪财，这对于从政者

---

[1] 许地山. 许地山学术论著[M]. 上海：上海书店出版社，2011：71.
[2] 南怀瑾. 老子他说续集[M]. 上海：复旦大学出版社，2019：173.
[3] 王家春. 画说道德经[M]. 北京：人民美术出版社，2020：189.

是大有启迪的。

  为政者要长治久安，那是相当困难的。在有人看来，政治往往意味着权力、财富和女人。王位则有着更大的诱惑力，许多人都想获取它，甚至兄弟、父子、母子等骨肉亲情都为获得权力而互相争斗、残杀，这在中国历史上不乏其人。所以，为政者，尤其是帝王，要使自己的治国策略得以实现，他必须具有良好的政德、政风，即思想作风上有一种"势为天子不以贵骄人，富有天下不以财戏人"的态度。中国历史上有不少为政者，正是具有这种好的政德政风，具有居安思危的忧虑意识，其治国才较为平安和长久。

  周公作《多士》《毋逸》劝诫周成王。西周时贤臣周公旦辅佐年幼的周成王时，担心成王年龄大了而放荡纵欲，便写了《多士》和《毋逸》劝勉成王。《毋逸》里说，父母长期艰辛创业，儿孙们却骄纵奢侈，忘记了其艰辛，因而使家业毁败，做儿子的能不慎重吗？往昔商王中宗，敬畏老天赋予的使命，不贪图安逸，治理人民，勤于政事，所以能当政75年。高宗时，因他长期在民间劳作与百姓共同生活，即位后，认真服丧，三年不曾说话，话一出口，百姓都惊喜万分！他从不敢怠政安逸，一心一意治国，大小事都受人赞赏，因此为政55年。到了祖甲，他知道百姓爱好，能保护并恩惠于民，不欺慢鳏夫寡妇，所以祖甲能当政32年。《多士》说，从汤王到帝乙，都恭顺地祭祀鬼神，修明德行，各帝没有违背上天意志。但到后面的纣王，极度放纵享乐，不顾及民业和社稷的安危，民众者都认为他应受惩罚。可见，远在西周，周公就知道为政者要清廉勤政，不能只图安逸享乐而葬送江山。

  隋朝开国皇帝隋文帝杨坚，不仅结束了魏晋南北朝近300年分裂割据的混乱局面，而且建立隋朝典制，多为唐朝以后各朝所遵循，在中国历史上贡献很大。他还非常注重节俭，加强自身修养。他曾对太子杨勇说，自古帝王没有谁喜欢奢侈而能长久保住基业的，要杨勇务必崇尚节俭。太子杨勇、三子杨俊都因为生活荒糜奢侈而被文帝废免。文帝乘车穿的衣服破了随时修补，不做新的。平常的饭食不过一碗肉。有一次，一个官吏用布袋盛生姜送他，他认为太浪费了，并大加指责。他还不允许后宫的人穿奢华衣服。在文帝的倡导下，开皇、仁寿年间，一般士人不穿绫罗绮锦，饰带只用铜钱骨角，而不用金玉装饰。这期间，百姓衣食丰富，仓库中的粮食充裕。然而，到了隋炀帝，他奢侈无度，大兴土木，虽有凿运河之实，但终因好大喜功，超过百姓的承受能力，从而最终导致国毁身亡。

清朝开创"康乾盛世"的康熙帝，也算是一个居敬行简的皇帝。他身居帝位，拥天下所尽有，但其俭朴一生，不求奢华。如他穿的皮袍是用普通貂皮制成的，他的御衣是用粗劣的丝织品制作的，甚至康熙乘坐的轿子也是用很粗糙的木材制成的。

总之，中国历史上清正廉洁、节操自守的为政者很多，且政绩显著，但贪污受贿、敲诈勒索的腐败官吏却也比比皆是。不过，从长远角度看，尽管腐败的为政者享乐一时，但他们大多身败名裂，并且往往给国家和人民带来深重的灾难。所以，崇尚节俭，为政者不可不察。

（二）道家管理思想对历史发展的影响

道家管理思想对我国历史发展具有独特的阶段性的影响，研究其规律，则多是在盛世之后总有一段是道家思想在治国理论中占得上风。这一是盛世治国具有典范作用；二是道家理论还有很多养生的内容，这使很多帝王在享太平盛世时为求"长生"而信奉道家；三是变则通，通则久的自然规律在起作用。下面，我们就盛世中后期道家管理思想对我国历史发展的影响做一简要分析。

1. 刘秀以柔治天下

光武帝刘秀统一全国后，他深知百姓饱受战争之苦，故决定仿效文帝、景帝，推行休养政策。他知道只有这样才能得民心，安天下。于是，他解放奴婢，下了9道禁止残害奴婢的命令；废除王莽时期的各种苛捐杂税；另外，还提倡节俭，而且从自己做起。历史上各代帝王，嫔妃、宫女成百上千，但是光武帝对女色看得很淡，后宫只有皇后和几名嫔妃，而且严格控制她们的开支，规定每天或每月吃穿花销的数量。仅此一项，就节省了大量钱财。光武帝深知官逼民反的道理，所以他特别注意整顿官吏，特别是地方官。有一次他对一个贪官说道，你代表的不是你自己，而是我汉朝满朝文武的形象，甚至可以说是代表我的形象，你这样肆意搜刮民财，百姓不仅仅是对你有怨言，对我们汉朝江山都有怨言，百姓一旦爆发，我们的江山就难保，你懂吗？这个贪官被光武帝治了罪。由于光武帝经常派人微服私访，有时候自己也亲自去察看地方官吏的活动，所以官吏很少有贪赃枉法的。

光武帝知道百姓最痛恨战争了，故推行休养生息政策期间，用兵非常谨慎。

刘秀以柔为安，以让为功。消灭王郎以后，缴获不少文件，其中有不少是刘秀部下与王郎私下交往，并诽谤刘秀的书信。刘秀故意不去查阅，还令诸将把这些书信统统烧掉，其目的是让那些曾有贰心的人打消顾虑以自安，这反映出刘秀的气度确实不凡。刘秀待人以宽，就是有大仇，仇家一旦幡然悔悟，刘秀也能过往不咎，让其将功折罪。宽则得众，刘秀仅招降纳叛，就从其他营垒中接纳了一大批有经世致用之学和办事能力的文职官员，以及马援、冯异、王常、耿况、寇恂、吴汉等东汉名将，大大壮大了自己的力量。天下平定以后，刘秀不仅没有像汉高祖刘邦那样杀戮功臣，还非常注意教育群臣遵守法令，慎终如始，着意维护功臣。

由于光武帝建立东汉以后处处为百姓着想，于是全国社会安定，经济发展，百姓安居乐业。所以，历史上把这段时期称为"光武中兴"。

光武帝一生以道学治天下，并以此教诲太子刘庄。光武帝临死前为自己选了一块很小的墓地，并一再叮嘱，丧事节俭，节约费用。光武帝逝去后，太子刘庄继承皇位，他谨遵父亲教诲，亦法无为而治。如就发展农业，他颁布的政策更具体，更有效。他要求地方官亲自到百姓之中去，带头参加耕地、播种。尤其是农忙时节，绝对不允许扰乱农业生产，违反者，严惩不怠！对那些逃亡的或者因触犯法律畏罪潜逃的，从轻发落。规定朝中负责天文历法的大臣，一定要坚守职位，为农业生产提供服务。刘庄的一系列措施，维持了光武帝时期农业迅速发展的好势头。东汉的经济不断地发展，国势也在逐渐增强。

刘庄在位时，许多措施都仿效父亲，许多治国之道都是光武帝政策的一种延续。经过十几年的发展，国家太平，战事很少，人口逐渐增多，百姓安居乐业。明帝治国学父，使东汉经济沿着光武帝所创下的业绩向前发展。此段历史可谓是道学治国的经典。

2. 唐玄宗"无为"创"开元盛世"

唐玄宗李隆基崇尚道学，并著《道德经注疏》，对后世也有一定的影响。他28岁登基，吸取祖父高宗李治、伯父中宗李显和父亲睿宗李旦大权旁落的教训，决心励精图治，大有作为。于是，他运用道家管理思想，除继续清除武则天、韦后和太平公主的余党外，还为被迫害、冤杀的官员及其家属平反，反对奢侈豪华，提倡节俭。为纠正当时奢靡的风俗，他于开元二年下令：宫中的金银器玩、车马的银雕金饰等奢侈品，通通销毁，充作军国之用；珠玉、锦绣，在殿前销毁；后妃以下，不得服珠玉锦绣。

但唐玄宗考虑得最多的，还是要建立一个清正廉明而又得力的宰相班子，他第一个看中的，便是姚崇。姚崇为人正直，任相时，已年过花甲，却依然生气勃勃，在一次朝会上，他一连向唐玄宗提出十条施政纲领。这十条施政纲领是：改变武后以刑法治天下的做法，以仁义为先；三数十年内不求边功，不主动对外用兵；不让阉人（太监）参与朝政；不重用后妃和外戚，牢记武后、韦后、安乐公主、太平公主等专权的惨重教训；皇亲近臣不守国法的，依法惩处；除规定的租庸调收入外，不另加百姓的税收；停造寺观、宫殿；先朝轻侮大臣，臣请待大臣以礼；鼓励臣子们直言进谏；将武后、韦后及诸外戚专权乱政之事，书于史册，千载永记这一教训。姚崇这十条施政纲领是针对武则天和韦后时期的弊政而发的，也是贞观时期一些好传统的继承。正想励精图治的唐玄宗欣然采纳。姚崇为盛唐的一代名相，他以卓越的才能辅佐唐玄宗，后年迈辞去相位，他又推荐广州都督宋璟为相。

宋璟也是位精明能干的贤相，他为人正直，也善于用人，而且赏罚无私，唐玄宗十分礼遇他。时人曾有姚、宋并称之美誉，和贞观时期的房、杜（房玄龄、杜如晦）齐名。宋璟之后任相的还有张悦、张九龄、韩休等人，他们也都是正直、能干的贤相。唐玄宗自己励精图治，重用有才能的人为相，君臣同心协力，终于出现了开元盛世这一我国封建时代的辉煌时期，它和贞观盛世一样，永为后人所传颂。

正是唐玄宗崇尚道学，致使唐末涌现了道家重玄派的代表人物，那就是撰成《道德真经广圣义》的杜光庭。因唐玄宗在《道德真经疏》特别强调心性修炼，所以，杜光庭直接继承了唐玄宗的思想，将炼心视为修炼的基础和得道的前提。杜光庭进一步发展了道家治身治国一理的思想，凸现出融合儒道的倾向，这一思想贯穿于他的全部思想体系之中。

总之，开元盛世，道家思想家杜光庭又在融合儒学的基础上丰富了道家管理的理论，这在一定程度上对当时社会经济发展也起了很大的作用。

3. 宋末皇帝皆崇道学

宋末从宋真宗到宋徽宗皆崇道学。宋真宗在位时，多次接见和赏赐以辟谷服气养生有效的名道士，其中陈抟之徒张无梦亦被召见。张无梦精于《老》《庄》

《易》，有内丹术，著《还元篇》，其弟子陈景元亦有道术。信州龙虎山道士张正随，亦受召见，赐号"虚静先生"，立上清观和田产，自大中天符八年（公元 1015 年）第二十四代天师张正随得道教最高封号起，正一派道教始昌。

宋徽宗之崇道和历代帝王不同，他是以道教教主的身份治理国家。他下诏在全国大建道观，增立道教神仙封号和节日，着手培训道士，建立道学制度和道学博士，以考试成绩授以道官(有元士、高士、上士、良士、方士、居士等名号)，相当于朝廷的五品至九品官。他还下诏令各宫观道士和郡县官员以客礼相见，借以抬高道士的社会地位，道宫中最高的称"金门羽客"，金牌出入宫禁。宋徽宗又御注《道德经》，令太学、辟雍置习《黄帝内经》《道德经》《庄子》《列子》的博士，使儒道合一，培养儒道兼通的人作官。宋徽宗还设置道阶制度，组织编写《道史》《道典》《仙史》等。

但从治理国家的成就看，宋末还是以宋仁宗为好。宋仁宗是宋真宗的第六个儿子，他即位后，生活俭朴，数十年如一日。在位 42 年，一贯实行"忠厚之政"。这段时间，也是宋代政治安定、国力殷富、百姓安居乐业的时期。

三、法家的管理思想

所谓法家即是指先秦以法(法律、制度等)而求治的思想家，他们著书立说，建立自己的管理理论体系，并阐释以法而治的原理，从而形成和儒家、道家等相齐名的理论。法家理论对治国的贡献是巨大的，纵观历史，可以说几乎所有朝代的治国理论都渗透着法家的内容，特别是在振衰起废及争霸图强的历史阶段，法家治国思想则更是占据主导地位。因此，研究法家，提炼其管理思想，并进行法制的原理阐释，这也是治国理论研究中必不可缺的一个重要内容。

历史上历朝历代的以法治国，或轻或重，或随旧典，或图创新，但法治的内容深入人心，正所谓："国有国法，家有家规"，有法可依，依法而治，这是社会发展保持稳定的长久之道。

法家的代表人物有管仲、韩非、商鞅等，后来又出现很多主要以法家思想为核心的变法图强人物，他们在遵从先秦法家理论的基础上，又结合当时国家的社会经济发展状况，从而针对性很强地提出一些具体的变法措施，这些均在历史上留下了很深的印记。

（一）法家管理思想的核心内容

法家管理思想别具一格，博大精深，既有广为人知的法制，也有秘而不宣的权术，且经历史发展的丰富传承，其管理内容是一个十分庞杂的巨大思想体系。但认真提炼，追根溯源，法家管理的核心内容主要表现为如下。

1. 以"赏罚"为"柄"

法家认为赏罚为君之二柄，不可轻易授人。例如，《韩非子·二柄篇》曰："明主之所导制其臣者，二柄而已矣。二柄者，刑德也。何谓刑德？杀戮之谓刑；庆赏之谓德。为人臣者，畏诛罚而利庆赏。故人主自用其刑德，则群臣畏其威而归其利矣。"[①]

2. 以"利"为"安民之本"

法家均重视经济的发展，强调以"利"安民。例如，《管子·治国篇》曰："凡治国之道，必先富民，民富则易治也。民贫则难治也。奚以知其然也？民富则安乡重家。安乡重家则敬上畏罪，敬上畏罪则易治也。民贫则危乡轻家，危乡轻家则敢凌上犯禁，凌上犯禁则难治也。故治国常富，乱国常贫。是以善为国者，必先富民，然后治之。"[②]

（二）法家代表人物管理思想

1. 管仲与《管子》

管仲著书《管子》传于后世，影响很大，被后人称为法家之祖。管仲精于法治，其管理的要义在于法令、爵位和赏罚。《重令》篇讲到先代君主治国的手段有三个，遇到破坏和毁灭国家的因素则有六个。英明的君主能够克服其六个破坏因素，所以，治国手段虽然不超过三个，却能够保有国家，而匡正天下。昏乱的君主不能克服六个破坏因素，所以，治国手段虽然不少于三个，却是有了天下而终于灭亡。三种手段是什么？是号令、刑罚、禄赏。六种破坏因素是什么？是亲者、贵者、财货、美色、奸佞之臣和玩好之物。三种手段的用途在哪里？回答是没有号令无法役使臣民，没有刑罚无法威服群众，没有禄赏无法鼓励人民。管仲甚至把这三个手段看做是匡正天下的原则。

---

① 冯友兰.中国哲学史（上）[M].苏州：古吴轩出版社，2021：279.
② 侯景新.传统文化与现代管理[M].北京：光明日报出版社，2009：70.

管仲认为，制定法律后必须要严格执法才会使法令畅通，强调爵位实际是突出权势，分出尊卑，以此建立社会秩序。他甚至具体提出要按照爵位制定享用等级，根据俸禄规定花费标准。作为君主，需要探求的是统御众官的方法，而不是去干预众官职责以内的事务，作为官吏，需要用心的是处理好职责以内的事，而不要超出职责以外去。这既是君道，也是臣道。君道不明，奉令行事的百官就会发生疑惑；臣道不明，奉公守法的百姓就会迷茫困惑。由此可见，管仲的"各顺其序，各司其职"实是一种尚贤用人的理论。

管仲作为一代谋略家，他所建立的管理思想是颇实用的，他帮齐桓公成就霸业实际也证明了他的这套管理思想。管仲深明管理的内外关系，他提出"内政不修，外举事不济"[①]，即讲对外图强，必须先安内。如当初，齐桓公称霸心切，急欲伐鲁，而管仲认为时机不成熟，但齐桓公一意孤行，结果是险遭不测。最后，齐桓公终于明白了管仲所讲的道理，于是才奋发图强发展本国经济。

管仲认为治理国家的首务是让老百姓先富起来，这一思想在区域差异及阶层差异比较大的今天，对于制定治国对策是有很大的理论指导意义的。发展经济要掌握宏观调控，以此避免阶层间的贫富差距，也就是他所说的"轻重之术"。

总之，管仲可谓是治国全才，他的很多思想在今天看来仍属精髓之论。试想，智慧的化身三国的诸葛亮早年也自比管仲，可见，管仲的思想理论是很深邃的。

2. 韩非与《韩非子》

韩非是战国末年韩国人，是当时法家的代表性人物。他的管理思想渗透极端的"上智下愚"。他认为施政时不能过多地考虑民意。譬如开垦田地，这是国家的重大事业，但民众因为愚蠢不能理解其意义，所以当接到强制服役的命令时，往往因不满而埋怨政府。如果为了顾及民心而停止开垦，那么，国家只有衰亡一条路可走。由此可知某些"合乎民心"的政治，只会招来彻底的失败。富国强兵的最好方法，只有以法约束、控制民众，而对违反者则加以严惩。

另外，韩非也曾论述成为绝对专制君主的途径。例如赏罚权的论述，他认为人的行为，往往系于利害关系，所以喜欢赏赐，恐惧刑罚。君主只要独占这种赏罚权，人人都会怕君主。如果把这一权力委任于某一臣属，则国中所有的人都只会怕他，而不怕君主，甚至轻视君主。所以，君主应牢牢掌握赏罚的权柄。

---

① 王京龙. 论管子[M]. 济南：齐鲁书社，2019：136.

韩非独特的思想理论得到秦始皇的赏识。因此，当秦始皇读到韩非的著作后，便以武力相威胁使韩王无奈把韩非送到秦国。得到机会与韩非畅谈的秦始皇欢欣异常，想把他留在身边。这时，先来秦国得到重用的李斯嫉妒韩非，他上谏说，韩非的确是个难得的人才，大王想把他留下来，这是求才心切的表现。但韩非究竟是韩国公子，即使一时答应出仕秦国，难免终究为韩做事，我们不能冒险将他留在咸阳。相反的，如果放他回韩，以他的才能及本领，日后可能变成秦朝的祸根。因此，不如将他杀掉。秦王是个性情暴躁之人，听了李斯的话不及详查，就下令把韩非杀了。但后来秦王很后悔，于是又命人把韩非的文章搜集整理成册，这样才有《韩非子》流传后世。

韩非讲依法而治就会提高管理效率，管理也就变得容易、简单。法说的要旨在于如下几方面。

（1）赏罚为器

《韩非子·外储说》讲："治强生于法，弱乱生于阿，君明于此，则正赏罚而非仁下。爵禄生于功，诛罚生于罪，臣明于此，则尽死力而非忠君也。"[1]意思是国家的安定强大，靠的是一切都依法办事；衰弱动乱，都导源于违背法律原则去偏袒、曲从某些人的意志和行为。国君明白了这个道理，就会严正赏罚原则，而反对对臣下讲仁义慈爱。爵位、俸禄是由于建立功勋得来的；受刑被罚是因为违法、犯罪招致的。臣民懂得了这一点，就会拼尽死力去立功取爵，而摒弃效忠君主个人的做法。

韩非还特别强调赏罚贵信。《韩非子·初见秦》讲："言赏则不与，言罚则不行，赏罚不信，故士民不死也。"[2]说要奖赏却不给，说要惩罚却不执行，赏罚不讲信用，所以士兵不肯拼死。楚汉相争项羽败给刘邦就是该赏时却吝啬，虽空有妇人之仁，但将士不给他卖命。

（2）制法贵常

韩非认为制定的法律、法规不能老变化，若朝令夕改，则法律、法规就失去了威力。《韩非子·解老》讲："匠人数变业则失其功，作者数摇徙则亡其功。……烹小鲜而数挠之则贼其泽；治大国而数变法则民苦之。是以有道之君贵静，不重变法。

---

[1] 赵慧兰.韩非子权术人生[M].呼和浩特：内蒙古人民出版社，2002：7.
[2] 陈寅恪.西南联大国史课[M].北京：天地出版社，2020：61.

故曰：'治大国若烹小鲜。'"① 意思是工匠多次转换行业，就会丧失他的功效；劳动者多次迁徙变动，也会徒劳无功。炸小鱼若老翻动则鱼就没有了光泽，治理大国而屡次变更法令，那么民众就被它害苦了。因此掌握了统治术的君主崇尚安静稳定，不崇尚经常改变法令。所以说，治理大国也应像烹调小鱼那样不能老去翻动。制法贵常实际上还在一个信字，而且，恒定的法也提高了管理者的效率。相反，朝令夕改则往往使法失去权威，故制法之初，管理者不可不慎。

韩非所说的术，是一种君主对臣下的驾御手段。所以说，韩非子的术很大程度上是一种深藏于胸、变幻莫测的心计和手段。韩非子在书中提供了大量的这种权术。从管理学的角度，其权术仍有很大的参考价值。韩非所讲的术究竟都有哪些内容呢？首先，从把握君臣关系来讲，君主应保持高深莫测，这样，臣僚因摸不透君主意图而生敬畏之心，做事方能尽心尽力。其次，韩非提出用来控制臣子的具体方法有七种，称为七术。一是从各个方面参照、观察；二是必须严惩以显示君王的威严；三是对尽心尽力的一定兑现奖赏；四是听取每个人的意见，责成他们努力工作；五是传出假诏令，诡诈地驱使臣子；六是掌握了事实反而明知故问；七是故意说反话，做错事来试探臣子。

韩非在《韩非子》阐述的另一个重要内容就是"势"，即权势。认为，应只有国君一人拥有权力，不能把权力交给大臣。大臣与国君非骨肉之亲，而臣下之所以恭恭敬敬以事君主，甘心为君之臣者，为利也。如果国君轻弃其权力於臣，当是劫杀之征兆。

《韩非子·功名》里讲："夫有材而无势，虽贤不能制不肖。故立尺木于高山之上，则临千仞之溪，材非长也，位高也。桀为天子，参制天下，非贤也，势重也；尧为匹夫，不能正三家，非不肖也，位卑也。千钧得船则浮，锱铢失船则沉，非千钧轻而锱铢重也，有势与无势也。故短之临高也以位，不肖之制贤也以势。"② 大意是如果有了才能而没有权势，那么即使是贤能的人也不能制服无能的人。所以将一尺长的木头树立在高山之上，就可以俯视千仞深的山涧，这并不是因为木头本身长，而是因为它的位置高。夏桀做天子，能控制天下，不是因为他贤能，而是因为权势重；尧如果是一个普通人，不能管理三个家庭，也不是因为没有才

---

① 赵慧兰.韩非子权术人生[M].呼和浩特：内蒙古人民出版社，2002：34.
② 同①.124.

能,而是因为地位太卑下。几万斤重的东西依靠船就能浮起来,几两重的东西没有船就要沉下去,这并不是因为几万斤轻些,几两倒反而重些,而是因为二者之间存在着有势与无势的区别。因此短木居高临下是地位的缘故,没有才能的人能控制贤能的人是因为有权势作依托。

以上韩非所讲的"势"实际就是君臣相对的权势、地位等,即上级一定要比下级权力大、威势重才能统驭下属。否则,没有厉害关系,缺乏调控手段,甚至关系倒置,则君臣易位,管理统驭也就无从谈起。因此,仔细推敲,古代帝王将相出行的鸣锣开道、前呼后拥等不是简单的形式,而是实际求"势"。

第二节 中华传统文化与大学生管理融合的必要性

一、大学生对传统文化的认同

(一)增强大学生传统文化认同的意义

人类历史上形成的观念形态的知识和精神,以文化的形式在历史演进中发挥着不可替代的重要作用。中华民族创造的传统文化,以其独特的风貌、灿烂辉煌的成就著称于世。中国传统文化在几千年的传承与发展中,塑造了中国人的心理和性格,培育了中华民族的精神风貌,形成了强大的民族凝聚力。中国传统文化与社会主义物质文明和精神文明建设更有着相辅相成的关系。

我们不仅要广纳博采现代西方文化中的先进成果,还要重视中国传统文化精髓的传承和发展,在继承的基础上实现人类精神文明和物质文明的新突破、新发展,实现中华民族的伟大复兴。

从文化学的视角来看,民族是人们在历史上形成的一个有共同领域、共同语言、共同经济生活以及稳定的共同心理素质的人类共同体。基于此,任何民族都有区别于异民族的文化传统。文化传统是一个民族世代积累的精神财富,是该民族持续发展的力量源泉。文化传统是一个民族自强精神、自尊心和自豪感的根源。当一个民族处于危难时刻,文化传统可以唤起历史记忆,激发民族活力,勇敢面对并解决复杂问题,使民族获得新生。因此,认同并传承本民族的文化,对任何一个民族来说都非常重要。

相比之下，在中国传统文化形成的过程中，地理环境的隔离机制以及历史上长期的领先地位，产生了强烈的文化优越感和以自我为中心的文化心态。有些文化保守主义者认为，华夏文化高明而精微，外来文化低劣而粗浅。在对待外来文化上，难以摆脱自我本位的文化心态，繁衍出"文化本位论""国粹主义"的种种论调。中华文明长期领先的事实，使对中国传统文化的认同一度形成过于自信、保守的痼疾，以致孤芳自赏、闭关锁国，对中国文化的发展以及民族性格的形成产生了深远的影响。中国人民和中国文化为此付出了惨痛的代价，以致半个多世纪以来，在中国的文化建设实践中曾经出现过这样一种论调：中国文化建设的出路在于文化传统的断裂和自我超越。持此论者只看到了传统文化存在的积弊，充满义愤，渴望与传统决裂，弃之如敝履。任何一个民族的文化传统都是不能强行"断裂"的，任何一个民族成员也不可能超越本民族的文化传统。因主观随意性而过于夸张、激烈的言辞，不能给本民族传统文化

找到正确的出路，也掩盖不了对传统文化传承与创新的软弱无力和束手无策。真正有生命力的文化一定是具有包容性的，既能坚守民族主体性和民族文化的优良传统，又能广泛吸纳异文化的精华。只有如此，才能建设中国社会主义新文化，提高中华民族的科学文化水平和文明素质。这就是所谓的古为今用、洋为中用的选择和继承原则。

要建设 21 世纪中国社会主义文化体系，必须正确认识传统文化的价值，正确估价它的历史地位。要正确估价中国传统文化的历史地位，就要客观区分精华与糟粕。中国传统文化中有待认可和传承的精华有很多，例如，理智的无神论传统，独特的人文取向与人道原则，唯物主义的思维方式，以人为本的德性伦理，等等。同时，也要看到传统文化在历史发展过程中积淀下来的大量糟粕，它们已成为历史的堕力，阻碍中国社会历史向前发展，例如，以家族为本位的宗法等级观念，对自给自足、安于现状手工业生产生活方式的坚守，故步自封、抱残守缺、夜郎自大的思想观念等。

因此，立足于 21 世纪中华民族伟大复兴这一基点，中国传统文化的认同与传承决不是传统文化的全面复归，而是立足现实理解传统，从传统文化中汲取有益的成分进行创造性转化。传统文化的现代化助力中国现代化的实现，是认同与

传承的动力。进入 21 世纪，中国社会发展的时代主题是全面实现社会主义的现代化——经济、政治、文化等各方面都实现现代化，其中最重要的一个方面，是实现中国文化的现代化。中国文化的发展要反映新的时代要求，创造新的时代内容，走向辉煌。

中国的现代化经历了一个曲折的历程。中国人在探索中国现代化进程时，从现代化的物质层面到政治制度层面，再到思想观念层面，付出了艰苦的努力和巨大的代价。先是学习西方的科学技术，当时却没能实现物质层次的现代化；之后引进西方的政治思想，发起了资产阶级政治改革运动，辛亥革命后的中国没能走上现代化强国之路；后来从文化思想方面学习西方，也没能真正实现国民心理的现代化。我们应该很好地总结经验教训，探讨现代化的规律。

现代化是一个含义非常广泛的概念，既是过程又是目标。现代化不仅指科学技术的高度发达，生产力的极大提高，经济的快速发展以及物资财富的极大丰富，而且还包括现代化的人所具有的思想观念、思维方式、价值标准和行为准则等。现代化的实现，体现在文化结构的三个层次——物质文化、制度文化和精神文化，其中，精神文化的现代化是最高层次的现代化，是指人的现代化。因为没有人的现代化，前两个层次的现代化就很难实现，并获得持续发展。人是现代化的主体，又是现代化的归宿。

没有人的现代化，就不可能实现社会的现代化。人的现代化，最重要的是人的思想、行为的现代化。人的思想、行为与社会现实生活息息相关。在中国这样一个崇尚传统，尊重祖先的国度里，中国的传统文化对人思想、行为的影响最大甚至是根深蒂固的。所以，现代化首当其冲的是文化的现代化。文化问题有其自身的规律性，不以人的主观意志为转移。

中国传统文化与中国现代化有着千丝万缕的联系，关系到现代化的进程和实现。因此，离开了中国传统文化来谈现代化是不现实，也是不可能的。中国现代化的实现，必然包括中国传统文化的自觉更新，中国优良文化传统的延续。中国传统文化的现代化是中国现代化得以实现的必然前提。中国传统文化的现代化涉及的范围极其广泛，主要包括传统思想观念的现代化，传统思维方式的现代化和传统行为方式的现代化。

进入 21 世纪，中国政府和国家领导人呼吁，哲学社会科学界要加快社会科学对现实社会的解释性，努力建设有中国特色社会主义的政治、经济和文化，并把它规定为国家建设的基本纲领。由此可知，社会主义的现代化建设事业，不仅仅表现在经济高速度发展上，社会主义文化建设的速度也将会加快。

在经历了近两个世纪的挫折，积累了一定的经验之后，以社会主义精神文明建设为中心的社会主义新文化事业将在全国广泛地开展起来。社会主义新文化建设的根本任务仍将是，围绕着现代化建设事业提高整个民族的思想道德素质和科学文化水平，培养有理想、有道德、有文化、守纪律的社会主义新公民，批判继承历史传统又体现时代精神和先进文化发展方向的，立足本国面向世界的高度发达的社会主义新文化。建设有中国特色社会主义新文化任重道远。要完成这一艰巨的历史任务，必须整合文化来源。因此，在考察社会主义新文化的来源时，应该有自己的原则和准绳。首先，社会主义新文化必须继承中国传统文化精华。这是中华民族赖以生存发展的基础，也是社会主义新文化的起点。社会主义新文化不能割断自己的历史传统。要正确认识中国传统文化，区分精华与糟粕。在社会主义现代化建设中，要让中华优秀传统文化获得新的生命，放出新的光彩。但是，对待传统文化必须运用科学的精神和求实的态度，真正筛选出能为今天和未来建设服务的精神遗产。其次，社会主义新文化建设，要有借鉴地吸纳世界各国的思想文化成果和先进科学技术，赋予社会主义新文化以时代性和世界性的双重意义。社会主义现代化建设，不仅要继承和发扬中华民族优秀文化传统，还要学习和吸收世界各国人民创造的优秀文明成果。社会主义新文化体系建设，要在立足中国具体实际的基础上，实现中西优秀文化的融会贯通。

中华优秀传统文化是中华民族历经数千年而形成的优秀物质文化、精神文化、制度文化、行为文化等的总和；仁爱、民本、诚信、正义、和合、大同构成其核心精神。习近平总书记指出，"优秀传统文化是一个国家、一个民族传承和发展的根本，如果丢掉了，就割断了精神命脉"。大学生对中华优秀传统文化的高度认同不仅影响到个人的成长成才，而且对于国家以及文化自身都有重要意义。

首先，有利于大学生个人的全面发展。新时代大学生个性独特，但因自身的判断力较弱，在网络迅速发展、多元文化冲击以及信息途径来源多样的社会环境下，极易受到不良文化的影响。中华优秀传统文化可以帮助大学生培养高尚的道德品格、正确的价值观念以及优秀的文化涵养，对他们的成长成才具有深远意义。

其次，有利于中华文化的创新与延续。优秀传统文化需要不断地推陈出新才能够得以延续并继续服务于我国的民族复兴大业。传承中华文化是大学生不能推脱的责任，他们对中华传统文化的理解和认可是传统文化能创新发展的关键因素。所以，为了中华文化能更好地延续与发展，需要大学生对中华优秀传统文化有高度的认同和坚定的自信。

最后，有利于提高中华民族的凝聚力。中华民族在国际上的地位越来越高。有如此成就，我们靠的不仅是强大的经济，更重要的是中华儿女万众一心。让我们团结在一起的不是彼此间的相关利益，而是我们对本民族及文化的认同。这使我们坚信本国政治制度与发展模式，也让我们携手共同铸成了中华民族的强大凝聚力。因此，提高新时代大学生对中华优秀传统文化的认同能帮助学生个人成长成才，使中华文化得以创新与延续并提高民族凝聚力。

中华优秀传统文化是中华民族的精神命脉，是中华民族的根和魂。2021年11月党的十九届六中全会通过的《中共中央关于党的百年奋斗重大成就和历史经验的决议》指出："中华优秀传统文化是中华民族的突出优势，是我们在世界文化激荡中站稳脚跟的根基，必须结合新的时代条件传承和弘扬好。"[1]大学生是国家的未来，民族的希望，大学生对中华优秀传统文化的认同有利于实现文化传统价值与现代价值的对接，从中华优秀传统文化中汲取养分和智慧，深化对社会主义核心价值观的认识和实践，对大学生增强文化自信和文化自觉、传承创新中华优秀文化、勇挑中华民族伟大复兴重任都具有重要的价值意义。

中华优秀传统文化认同包含着中华优秀传统文化和文化认同两个基本概念，厘清这两个基本概念是研究大学生中华优秀传统文化认同构建问题的逻辑起点。

中华优秀传统文化是在中华民族五千多年文明发展历程中孕育而来，代表着中华民族最深沉的精神追求，是中华民族独特的精神标识，为中华民族生生不息、发展壮大提供了强大精神支撑。中华优秀传统文化是中华民族语言习惯、文化传统、思想观念、情感认同的集中体现，凝聚着中华民族普遍认同和广泛接受的道德规范、思想品格和价值取向，具有极为丰富的思想内涵。

对于"文化认同"中的"认同"，不同学科有不同的解释，从字面上看，认同可以解释为"接受、认可"从心理学角度解释，认同是指个体或群体在感情上、

---

[1] 中共中央关于党的百年奋斗重大成就和历史经验的决议 [J]. 中国水利，2021(22):1-17.

心理上趋同的过程"；从社会学角度理解，认同是连接社会结构和个人行为的一个关键概念。学术界从心理学角度对文化认同"概念进行界定更为普遍，结合学界前期的理论成果，作者认为文化认同是人们对某种文化在思想上、情感上和行为上的认可和接受，其核心是对文化基本价值的认同，实质上是把某种文化所蕴含的理想、信念和价值观内化为自己内在理想价值信念，并最终转化为自己行为模式的文化自觉过程。由此可以认为，大学生中华优秀传统文化认同是指大学生对于中华优秀传统文化所蕴含的道德规范、思想品格和价值取向在思想上、情感上和行为上的认同和接受。他们将中华优秀传统文化的核心价值作为自己的精神追求和价值信仰，并且在实际行动中始终维护和遵循这种文化价值。

新时代大学生中华优秀传统文化认同对大学生树立文化自信和文化自觉、传承和创新传统文化以及中华民族伟大复兴都具有非常重要的价值意义。大学生中华优秀传统文化认同是提升大学生文化自信和文化自觉的内在诉求。高校在提升大学生中华优秀传统文化认同方面做了许多富有成效的工作，但依旧面临着严峻的挑战。一方面，在全球化时代背景下，西方社会向我国大量输入文化产品和文化思想，在多元文化冲击下，部分学生由于缺乏判断能力，很容易产生"崇洋媚外""全盘西化"的倾向。部分大学生对中华优秀传统文化的认同度不高，缺乏文化自信和文化自觉。另一方面，部分大学生对中华优秀传统文化的认知不深刻，仅从实用主义思维或功利性角度认为中华优秀传统文化"无用""过时"，对中华优秀传统文化认同感不强，很容易产生文化疏离感。习近平总书记强调："青年的价值取向决定了未来整个社会的价值取向，抓好这一时期的价值观养成十分重要。"新时代大学生中华优秀传统文化认同程度直接关系到中国特色社会主义建设者和接班人的文化自信和文化认同，通过构建大学生对中华优秀传统文化的认同，引导大学生树立正确的中华优秀传统文化价值观，有利于他们在"知行合一"中树立对中华优秀传统文化的文化自信和文化自觉，并在此基础上建立更为牢固的道路自信、制度自信和理论自信。

大学生中华优秀传统文化认同是推动中华传统文化传承创新的现实需要。要推动中华优秀传统文化创造性转化、创新性发展，以时代精神激活中华优秀传统文化的生命力。当今世界正经历百年未有之大变局，文化是国家的软实力，只有夯实国家文化软实力，才可能在国际文化竞争中掌握主动权。新时代大学生是中华优秀传统文化的传承者和实践者，优秀传统文化传承创新离不开大学生对优秀传统文化的认同。通过提升大学生对中华优秀传统文化的认同，才能不断激发大学生的文化自觉，增强他们传承和创新中华优秀传统文化的责任感和使命感，使他们主动承担起传承创新中华优秀传统文化的历史重任，为新时代中国特色社会主义文化建设贡献青春力量。

大学生中华优秀传统文化认同是担当中华民族伟大复兴历史重任的时代要求。当代大学生是中国特色社会主义事业的建设者和接班人，肩负着中华民族伟大复兴的大任，他们的文化素质水平直接关系到国家的前途和命运。大学生对中华优秀传统文化的认同，一方面有利于大学生自觉提高中华优秀传统文化的知识素养和完善人格修养，让他们在学习中深刻感知中华文化的精髓所在，不断增强文化自信，激发出大学生的民族自豪感和国家认同感，最终集聚成为大学生建设新时代中国特色社会主义和实现伟大"中国梦"的强大精神动力；另一方面，在大学生形成中华传统文化认同的同时，能够使他们更加关心国家的前途和命运，自觉把个人价值与国家发展、个人理想和国家梦想结合起来，主动从中华优秀传统文化中摄取精神食粮并积极践行，坚持"知行合一""学以致用"，真正成为新时代中华优秀传统文化的传承者和践行者，为实现中华民族伟大复兴的中国梦而不懈努力。

（二）大学生传统文化认同存在的问题

在大学生中开展传统文化认同有着十分重大的意义，然而目前广大大学生在中华传统文化认同过程中仍然存在一些问题，这些问题主要表现在以下几个方面。

1. 对传统文化认知深度和广度有待于提升

尽管目前大学生对传统文化有一定的认知，但由于中国传统文化的种类十分多样，且类型比较丰富，很多大学生不可能将传统文化的精髓全面掌握，从而影响了大学生对传统文化深度和广度的把握度。在调研中发现，尽管目前很多大学生在平时生活中也有一些接受传统文化的机会，且对一些传统文化的节目比较感兴趣，但在具体的学习过程中，其本身的深度和广度都有待于提升。以中国汉字为例，能够进入大学开展学习的学生都会对汉字有一定的了解，但并不是所有的大学生对"中国书法"有深入的认识。再比如中国传统手工艺，由于其种类较多，且涉及到的内容也十分丰富，因此除非学生能深入的开展学习，很难将其文化精髓把握透彻。

2. 对传统文化的传承意识不强烈

目前大学生对传统文化的传承意识不是很强，主要表现在以下几个方面。首先是归属感不强，提到中华传统文化，很多大学生都认为尽管这些内容都属于中国，但与自己的关系并不是很紧密，自己是否需要了解，了解多少都可以随自己的意愿自由安排，因此很多情况下大学生不会主动了解传统文化。其次是对文化传承的意义缺乏认知，在很多大学生眼中，传统文化传承没有太大的实际意义，他们甚至认为当代大学生需要做的就是学好专业知识，为未来找到一个很好的出路做基础。对于传统文化的传承他们认为是其他文化工作者的事情，自己没有权利也没有必要参与到其中。最后是对传统文化缺乏保护意识。由于大学生对传统文化缺乏认知，导致很多大学生在遇到传统文化的内容时会产生一种"不重视"的心理。在他们看来，这些传统文化就是古人遗留下来的东西，其本身价值并没有在内心形成，自然也就会做出一些破坏传统文化的行为出现。媒体上所报道的一些"在传统文物上刻画、留名"的行为都是缺乏对传统文化保护意识的重要表现。

3. 对传统文化传播有待拓展

中国的传统文化包罗万象，是一个完整的知识体系，但目前对于传统文化的教育方式单一，教学内容零散，没有形成完整的体系。高校在安排课程时，传统文化的课程占的比例小，内容多是专家提炼出来的精华，具有一定的代表性，但并不全面，这在一定程度上限制了学生对自己感兴趣内容的范围，使得对传统文化的了解只停留表面。

对大学生传统文化知识的传播力度仍需进一步的拓展。对于广大大学生来说，要想让他们形成一定的传统文化认同感，必须不断让大学生了解和熟悉传统文化的内容，然而目前很多大学校园在开展传统文化传播与教育这方面的工作时仍存在一定的问题，集中表现在传播途径较窄这一方面。目前很多大学在传播传统文化上主要通过如下几个途径开展。第一是课上传播，这一途径主要是通过公共课开展，在这样一门所有大学生都必须学习的课程中，相关教师会将部分传统文化传授给学生。第二是校园传播，学校会定期组织各种社团组织开展一些传统文化的传播活动，但传播力度相对较小，传播影响力也基本是以社团内部为主。第三是班级传播，班主任会根据学校的安排定期引导学生开展一些传统文化学习的活动，但具有学习内容较浅、学习周期短等特点。

4. 大学生自身文化底蕴薄弱

大学生们了增加自己以后在社会上竞争的资本，努力的学习自己的专业课程，不断地参与各种培训，参加各种职业资格证的考试，参加研究生的入学考试，以此来提高自己竞争的资本。由此看来，当代大学生并不缺乏学习的热情，但是由于现代经济的推动，他们学习的内容更多的追求实用性。生活中大学生虽然依旧很崇尚传统文化，但身边处处充斥着西方的新鲜事物，只有尽快的接受这些新的事物，才能融入良好的同学和社会关系中网。

（三）提高大学生传统文化认同的路径

大学生中华优秀传统文化认同是一项系统工程，应当遵循文化认同形成规律和大学生成长发展规律，从国家、高校和当代大学生三个方面入手，全方位、多层次地为提升大学生中华优秀传统文化认同提供系统支持。

1. 国家层面

文化认同是在一定社会文化历史背景条件下逐步产生的，大学生中华优秀传统文化认同离不开崇尚传统文化的良好社会文化环境和氛围，离不开国家对中华优秀传统文化传承发展工作的重视和推进。

一是国家要充分发挥社会主义国家的制度优势，加强顶层设计，制定和实施中华优秀传统文化传承发展相关政策，整合各类资源，调动各方力量，形成全社会各负其责、全社会共同参与的中华优秀传统文化传承发展工作新格局。

二是国家要结合新时代要求推进中华优秀传统文化的创造性转化和创新性发展。首先，要守正创新，固本培元，重视传统文化资源的盘点梳理，注重挖掘中华优秀传统文化的内容和形式，夯实传承发展中华优秀传统文化的工作基础；其次，要以中华优秀传统文化传承发展工程为抓手，以大学生文化发展需要为依据，不断推陈出新，为大学生持续提供丰富的中华优秀传统文化产品和文化思想，营造弘扬中华优秀传统文化的良好社会氛围；最后，要结合大学生心理特征和交往习惯，以信息网络技术为手段，创造更多数字化、网络化的中华优秀传统文化产品，运用现代科技手段丰富优秀传统文化的时代化表达和艺术化呈现，形成线上线下融合互动、立体覆盖的文化供给体系，更好地满足大学生精神文化需求，在创新中延续中华文脉。

2. 高校层面

高等学校承担着文化传承创新的重要职能，是传承与创新中华优秀传统文化的重要阵地，也是大学生接受中华优秀传统文化教育的重要场所。大学阶段以提高学生对中华优秀传统文化的自主学习和探究能力为重点，培养学生的文化创新意识，增强学生传承弘扬中华优秀传统文化的责任感和使命感。这为高校加强中华优秀传统文化教育体系建设提供了行动指南。

高校要将中华优秀传统文化融入到课程教学体系中。加强顶层设计，开设中华优秀传统文化相关课程，做到进教材、进课堂、进学生头脑。要充分发挥思想政治理论课的主渠道作用，结合现实生活和实践问题巧妙系统地将中华优秀传统文化的精神内涵引入思想政治理论课，在为大学生答疑解惑和开展思想引领的过程中激发学生对中华优秀传统文化的热情和认同。要鼓励教师按照"课程思政"的理念在专业课教育教学中融入中华优秀传统文化元素，构建专业课程文化育人的大环境。

高校要将中华优秀传统文化融入到实践育人体系中。一是要"走出去"，通过组织社会实践、实地考察、志愿服务等活动让大学生通过接触和了解中华优秀传统文化，在切身体会中深刻认同中华优秀传统文化魅力所在。二是要"请进来"，高校可以通过邀请非物质文化遗产传承人、书法戏剧名家、传统技艺工匠等进校园，为学生认知传统文化搭建学习平台，营造出宣传和学习中华优秀传统文化的校园氛围。

高校要将中华优秀传统文化融入到文化育人体系中。加强校园文化硬件设施的建设，如在校园建筑、景观设计等校园物质文化建设中融入中华优秀传统文化元素，让中华优秀传统文化随处可见，触手可及。要充分利用优秀历史人物故事、传统文化节日等文化资源开展好"第二课堂"，吸进大学生积极参与，营造浓厚的优秀传统文化氛围，在潜移默化中提升大学生对中华优秀传统文化的认同。

学校应积极开设更多精彩的文化学习课程让学生加入到对传统文化课程的学习行列之中。首先，在设置具体课程过程中，教师应将传统文化课程与专业课程联系在一起，并引导教师在适当地情况将寻找一些传统文化作为教学案例进行讲授，从而让学生意识到传统文化的重要性。其次，在传统文化课程的方式上，学校可以通过线上教育和课堂教育两种形式展开，一方面，学校应成立对应的传统文化课程，让更多的学生在传统文化课程中了解传统文化，加强传统文化认同，另一方面，学校应鼓励更多教师在网上开展传统文化通识课或趣味课，让对不同传统文化感兴趣的同学能够有选择性的在网上选择对应的课程展开学习。最后，学校还应开设一些实践课程，让学生在实践的过程中提升对传统文化的认同感。对于任何一门传统文化类型来说，要想更好地促进其有效的传承，必须让学生通过实践的方式加深对这一传统文化的认识，因此适当的开展一些实践课程，让学生通过实践的方式提升对这一传统文化的把握与创新，才能更好地实现加强传统文化认同感这一基本目标。在创建我国民族文化品牌的过程中，要坚持品牌文化的本土性、多元性、国际性和当代性，其基本路径是要强化民族文化品牌的精神内涵。

强烈的爱国心的形成离不开对祖国传统文化的认识，只有当大学生真正做到认识传统文化、喜欢传统文化，才能让大学生能够更好地保护传统文化；多角度研究传统文化在新时期的运用和创新，才能更好地让传统文化长久的传承下去；当大学生不断深入开展传统文化的学习活动时，自然会让大学生对自己的未来道路有更加明确的判断。然而目前广大大学生在传统文化认同感上仍存在一定的问题，集中体现在认知深度和广度有待于提升、传承意识不强烈、传统文化传播有待拓展几个方面，为此作为高校管理者必须通过拓展宣传途径、丰富校园活动、开设精彩课程的方式来引导学生形成更加强烈的传统文化认同感。

3. 个体层面

大学生是文化认同的主体，要充分发挥他们在中华优秀传统文化认同中的主观能动性。文化认同是一个从思想意识到行为实践的过程，是"知、情、意、行"相互统一的发展过程，理性认知是前提，情感认同是基础，信念意志是关键，实践转换是归宿。

第一，要不断提高大学生对中华优秀传统文化的理性认知。当代大学生应当明确自己在中华优秀传统传承和创新中的历史重任，通过主动学习将中华优秀传统文化融入自己的知识体系，在此基础上实现文化身份和文化精神的认同。

第二，要不断提高大学生对中华优秀传统文化的情感认同。结合大学生成长发展的需求，通过国家引导、学校教育和家庭涵养让大学生体验到传统文化给他们的学习生活和素质提升所带来切实好处，使他们在情感上更愿意接受并能转化为自己的价值观念和行动指南。

第三，要不断坚定大学生对中华优秀传统文化的信念意志。面临着多元文化的冲击，当代大学生要辩证地、冷静地看待世界文化和中华传统文化，在多元文化冲突中做出符合文化身份和文化潮流的选择，自觉抵御外来不良文化的侵蚀和"全盘西化"的不良倾向。

第四，要不断强化对中华优秀传统文化的实践转换。大学生对中华优秀传统文化的认同根本归宿还是要体现为"知行合一"的行动认同。一是坚持和践行中华优秀传统文化的价值理念，做有中国精神、中国气魄、中国情怀的年轻人；二是在实践中积极主动参与传统文化的创造性转化和创新性发展，让传统文化不断焕发新的生机和活力，为中华优秀传统文化认同提供活头源水。

二、传统文化融入大学生管理工作的必要性

随着我国物质生活水平的日益提高，人们对精神生活的要求也越来越高，对大学生的精神上的教育越来越重视。在大学生管理中，应积极地将中华优秀传统文化元素融入学生的思想品质和良好的品德教育中。为此，本节从中华优秀传统文化对大学生的教育意义、中华优秀传统文化对学生管理的必要性等方面，探讨了其实施的方式和方法。

中华优秀传统文化经过数千年的锤炼，一直延续到今天。"以人为本"思想是在先秦时期首先提出来的，随着新一轮课程改革的深入，学校在教学管理中要做到最大限度地兼顾学生的需要。教育的最初本意和思想与中华优秀传统文化是互补的，孔子主张"教而无类"，即人人皆可。其实，在进行课程教育时，有针对性的教学是一种重要的方法。回顾过去，就学生的价值观而言，中华优秀传统文化中的"修身"是对个人素质的一种要求，它对个人的发展起到了很大的作用，将中华优秀传统文化融入学生的管理之中，可使他们的个人素质得到提升，从而使他们成长为国家所需的人才。从宏观上看，大学生身上所蕴含的传统美德，不仅是一种内在的修养，还能渗透到家庭的各个方面，成为道德楷模，带动社会风气向好发展。

（一）学生正确价值观的树立

在当今的社会大环境下，一些人的价值观、思想观念受到了不良思想的影响。在学生中，也存在着一些消极情绪，个别人对"奋斗"之类的价值观持消极的态度，觉得努力是徒劳的，还不如抓紧时间去享受。这种思想不仅会对学生本身产生一定的影响，也会给学校的教学工作带来很大的困难。中华优秀传统文化蕴含着很多积极的思想，比如，"天行健，君子以自强不息。地势坤，君子以厚德载物""生于忧患，死于安乐"都符合社会主义核心价值观的内在要求。积极将中华优秀传统文化融入学生管理之中，可以使他们在这个阶段逐渐树立起积极的价值观，对网络上的信息有最基本的识别和判断能力，并且在学习过程中坚持自己的理想信念，成为社会需要的人才。

（二）实现高素质人才的培养

在新的历史条件下，高校对人才的选拔不应仅限于对专业技术的考查，更应以育人为本。育人为本已成为当今社会的主流。中华优秀传统文化经过几千年的发展，具有丰富的人文精神，可以用来塑造学生的品格。通过对中华优秀传统文化的积极吸收，可以从心理上进行教育，使大学生不断提升内在素质，使他们发现自己的价值，从而为自己的人生目标而努力。这种方法符合新课改的教学思想，所以，在学生的管理上，要立足于现实，不断地融入中华优秀传统文化，使学生的学习和生活更加充实。

三、奠定高校管理的基础

作为中华民族几千年社会历史的积淀，中国传统文化必然负载历史的尘埃，有许多陈旧腐朽、滞后时代的内容，需要我们予以扬弃、更新。不可否定的是，中国传统文化作为中华民族智慧和创造力的结晶，蕴含着恒久的精华，不仅在历史上对中国乃至世界的发展产生过深刻的影响，对当下中国现代化仍然具有积极的价值和指导意义，也能够为人类的文明进步做出自己的贡献。在历史上，中国传统文化曾为世界上很多的人所乐意接受，对世界各国的发展做出过巨大的贡献，产生了世界性的广泛影响。中国传统文化尤其对东亚和东南亚各国产生了广泛又深刻的影响。在新的世纪里，中国传统文化仍然具有强大的生命力，中国传统文化的现代价值已得到充分的认识。

中国传统文化的现代价值,可以从两个方面来分析。其一,是具有普适性意义的方面,即传统文化能为广大人民所理解和运用。在现代社会,随着人们生活水平的提高,游览名胜古迹,了解民俗风情,欣赏民族音乐和书画展览等,已经成为人们日常工作生活中的一部分,这都充分体现了传统文化在当下社会的现代价值。其二,是传统文化更加深层次的现代价值,具体指精神上、科学上的价值,这需要进行深入研究和积极探讨。例如,中国传统文化天人合一与以人为本,刚健有为与自强不息,厚德载物与中庸尚和等基本精神,必须经过研究和思考,加以继承和发扬,使之能够与现代化的发展需要相适应。总之,随着时代的变迁和社会的进步,中国传统文化蕴含的许多优秀历史文化传统,必须使它们得到弘扬和发展。这是中国文化发展的需要,也是中国现代化建设的需要。

高校无论在学生教育方面还是在学生管理工作方面,都不断发挥着育人的价值。随着社会思想领域的不断变化,高校也应积极转变管理方式,不断结合国家对人才培养的核心价值观要求,将中华优秀传统文化融入高校学生管理工作,创新工作方式,进一步促进中华优秀传统文化的传承,同时也培养学生形成正确的思想理念,促进学生思想观念的进步与发展,从而逐渐升华优秀传统文化的内涵。学生深入了解和学习中华优秀传统文化,并在实践过程中良好地运用学习中华优秀传统文化,有利于其形成各项素质及能力。中华优秀传统文化为高校开展学生管理工作奠定了思想文化基础,规范了学生的学习行为、生活行为等。

四、传承中华优秀传统文化思想

文化自信是一个国家和民族发展中最基本、最深沉、最持久的力量。中华民族几千年历史中创造和延续的中华优秀传统文化,是中华民族的根和魂,是中国特色社会主义植根的文化沃土。回顾百年历史,中国共产党不断从中华优秀传统文化中汲取丰富的精神财富,并将其熔铸于中国特色社会主义建设事业之中,对中华优秀传统文化的传承和弘扬起到了巨大的推动作用。新时代,必须要深刻感悟中国共产党传承和弘扬中华优秀传统文化的思想精髓,以更加自信的姿态,让中华文化绽放出更加夺目的光彩。

中华优秀传统文化始终提倡的奋斗精神内涵丰富,积极进取、坚忍不拔、奋发图强、勇往直前、百折不挠、锲而不舍就是其内在品质。应当不断汲取这些优秀传统文化中的精华，坚定信心，勇攀高峰，在新时代中继续发扬光大，创造更加辉煌灿烂的明天。

中华文化源远流长，积淀着中华民族最深层的精神追求，代表着中华民族独特的精神标识，为中华民族生生不息、发展壮大提供了丰厚滋养。这就需要站在新时代的制高点上，在时代发展中赓续千年文脉，让收藏在博物馆里的文物、陈列在广阔大地上的遗产、书写在古籍里的文字都活起来，焕发新的强大生命力，更好地构筑中国精神、中国价值、中国力量，为实现中华民族的伟大复兴培根铸魂、凝心聚力。在新的历史时期，要进一步开拓传承和弘扬中华优秀传统文化的实践路径，推进文化创新和文化产业融合发展，为推动中华民族的伟大复兴注入强大的文化力量。同时，也要注重在世界文化多样性中担当起应有的责任和角色，为构建人类命运共同体作出积极贡献。

中华优秀传统文化是中华民族文化自信的重要源泉，是中华民族在世界文化激荡中屹立不倒的坚实根基，也是提升我国文化软实力的重要支柱，对于推动人类文明的进步和繁荣发挥着重要作用。传承和弘扬中华优秀传统文化虽利国利民、功在千秋，但却是一项艰巨、复杂长期的系统工程，需要建立完善的体系。一是摸清家底。统筹文物、非遗、古籍文献、美术馆藏品、戏曲剧种等文化资源的全面普查、梳理和统计工作，以此建设中华优秀传统文化基因库和资源管理数据库，并建立国家文献战略储备库，稳步推进各项中华文化资源的普查复核、数据补充完善和动态调整工作，进一步厘清全国文化遗产家底，为正确反映中华民族文明史，切实保护中华优秀传统文化提供有力的依据和条件。二是深化研究和阐释。中华文化源远流长、博大精深，需要深入研究其思想精髓、历史渊源、传承脉络、发展走向，全面阐释其理论要义、价值指向、独特品质、重要作用及传承弘扬的原则方法，系统阐发利用文化遗产背后蕴含的哲学理念、人文精神、道德规范，这些将有助于更好地传承和弘扬中华优秀传统文化，同时也为党的治国理政方略提供有益的借鉴和启迪。三是加大保护、传承和利用力度。为延续中华民族优秀的文化血脉和风骨，实现中华优秀传统文化在现代社会的有效保护、传承和科学利用，需要制定全面规划。这个规划既要设立"总台账"，也要制定"路线图"和"效果图"；要统筹考虑经济社会发展的关系，制定具体的政策措施，明确总体思路、重点任务和工作要求；要完善机制和体制，将一批重大工程项目、重大政策和重大文化项目纳入国家"十五五"规划及专项规划中，以推动文物保护由抢救性到预防性的转变，并全面推进分级分类科学保护；要实施中国传统村落保护工程，加强历史文化名城、名镇名村街区、传统村落和名人故居的整体格局和历史风貌的保护力度；要加大对非物质文化遗产传承发展工程的支持力度，彻底改善目前保护和传承不容乐观的状况；要建设主题突出、特色鲜明的博物馆、文化馆、纪念馆等文化设施，以创新文物展示方式，提升展陈水平；同时，需要发展数字化中华传统文化消费新场景，加快中华优秀传统文化云建设，增强供给能力，提升数字化服务水平，让中华优秀传统文化在新时代焕发勃勃生机。

不可否认的是，传统文化传承是一个极其复杂的问题。越是复杂的问题，越要有全局观，越要优先解决主要矛盾。对于传统文化继承创新中的矛盾问题，不少专家学者从不同角度提出了看法，有的认为，缺乏对传统文化的深入系统挖掘；有的认为，创新能力相对薄弱，方式和手段相对单一；还有的认为，继承创新的体制机制有待进一步完善。这些矛盾问题确实存在，应该有效加以解决。但是，文化是人最本质存在方式的特质，决定了文化的主要矛盾和矛盾的主要方面，一定归结于人。传统文化传承创新，说到底还是要培养具有文化自觉、文化自信的人，特别是要培养能够担当民族复兴大任的时代新人。做好这方面工作，大学文化"以文化人、以文育人"的载体作用不可或缺。

高校教育和管理的本质在于文化和文化的传承、创新。高校在长期办学实践中，经过历史的积淀、自身的努力和外部环境的影响，逐渐形成了一种独特的社会文化形态，体现着学校的学术传统和精神内涵，凝聚着学校的办学理念和办学特色，润物无声、潜移默化地引领着师生的价值追求和行为导向。这种独特的文化形态，决定了高校的教育和管理不只是具体知识和技能的传授，更重要的是通过文化氛围的影响，对学生的能力素质、品行道德和人格修养进行全方位提升。

进入新时代，高校要发挥好载体作用，积极推动中华优秀传统文化教育进教材、进课堂、进学生头脑，帮助大学生学深悟透中华文化的历史渊源、发展脉络，学深悟透中华文化的价值理念、鲜明特色，增强文化自信和价值观自信，成为中华优秀传统文化的传承者、创造者。这就要求高校在管理的过程当中抓教育的理念，把大学文化建设摆在推动高等教育内涵式发展的突出位置。主动适应高等教育领域综合改革，进一步明确办学理念和育人理念，大力加强精神文明建设。第二，要着眼于中华优秀传统文化传承创新，有效管理、制定并完善符合时代潮流的大学章程，大力加强制度文化建设。

中华优秀传统文化经历长期的沉淀，形成了可以孕育人才的精神和文化财富。汲取其精华得以传承，使中华民族有了灵魂和发展的方向。然而在现代社会，中华优秀传统文化仍然面临着传承问题，在互联网时代，很多高校学生无法对网络上的各种思想进行甄别，再加上西方思想的渗入，使得部分高校学生认同西方思想，进而忽视对本国优秀传统文化的传承。在此背景下，高校学生管理工作与中华优秀传统文化相结合是发扬中华优秀传统文化的出路，也是帮助学生获得坚定文化认同的出路，让学生真正地感受到中华优秀传统文化的精髓和魅力，以及其时代性和先进性。这有利于在今后的发展过程中，对学生的思想和行为起到纠正和规范作用日。

五、培育学生的爱国情怀

爱国情怀是热爱祖国、忠诚祖国、建设祖国、献身祖国的感情、胸怀和精神。爱国情怀就是爱国主义情怀。爱国主义就是千百年来巩固起来的对自己祖国的一种深厚感情。人类在社会生活的早期，随着定居的乡土生活的发展，自然产生一种爱故乡的感情，这种感情后来随着民族与国家的形成，逐步发展成为明确的民族意识和对祖国的爱。它在政治、经济、文化等方面都有反映，包括在道德方面。这种爱国主义情感，集中表现为民族自尊心、自信心和自豪感，表现为国家独立富强而英勇献身的奋斗精神。

从大学生的社会属性看，其爱国主义情怀是由其作为具体人的民族属性和国家属性所决定的。社会意识总是建立在一定社会存在的基础之上，并随着社会存在的发展而发展。当代中国大学生，从小就使用祖国的语言，学习祖国的文化，继承中华民族传统、风俗和习惯，个人的命运始终与祖国的命运紧密联系在一起。在这个过程中，就会产生朴素的爱国情感。但仅有朴素的爱国情感是很不够的，更重要的在于在此基础上，上升为理性的认识，变为爱国思想和自觉行动。

从个人与国家的关系看，爱国情怀不仅是价值观的集中体现，而且是个人实现自我价值的前提条件。主客体关系是人类社会最普遍的现实关系。个人与国家之间的关系则是主客体关系的核心。对待这种关系的态度决定着对待国家之间、国家内部成员之间、人与自然之间的态度。爱国主义尽管在不同的时代有着不同的内涵和要求,但作为对待个人与国家价值关系的态度,是中华民族价值观的集中体现。这种价值观视民族与国家利益高于一切,个人对社会、对国家,义务高于权利,个人只有融入社会、国家,才能有所作为,实现人生价值。离开了社会、国家,个人将一无所成。以维护祖国统一、献身祖国为至上光荣,以危害祖国、谋求一己私利为最大耻辱的观念,逐渐成为中华儿女高度自觉的爱国意识。千百年来,这种意识始终是动员人们团结奋斗的旗帜,是维护民族与国家利益的巨大力量,是推动历史前进的强大精神动力。对于当代大学生而言,只有为献身祖国而学习,才是惟一正确的选择。

从知识与修养的关系看,爱国情怀是大学生的立身之本。知识是人们在改造世界的实践中获得的认识和经验的总结,具有可继承性和可习得性,成为人们在生产、生活、工作中经常运用的一种工具。修养指的是人们思想道德、品质、品格和精神境界等方面经过锻炼和培养而达到的一定水平。爱国情怀则是修养的最重要的内涵。一个人的修养如何,主要是看他如何运用所掌握的知识。知识可以成为完善自身、服务国家的手段,也可以成为欺世盗名、危害社会的工具。只有不断提高思想道德修养,正确运用所掌握的知识,才能趋利避害。从这个意义上说,道德修养是第一位的。就一个大学生而言,只有当他既掌握服务国家和人民的科学知识,又具有献身祖国和人民的思想道德素质,才可以说具备了成才条件;只有当他将知识与修养有机地结合在一起,化为建设祖国、献身祖国和人民的自觉行动,才可以说已经成才。

从大学生的特殊属性看,爱国情怀是其担当崇高历史使命的必然要求。大学生是国家的宝贵人才资源,是民族的希望、祖国的未来。这是大学生的特殊属性所在。我国正在步入知识经济社会,这是建立在人的素质和能力基础上的社会。处在这样一个时代,人才资源十分重要。人才资源在各种资源中居于主导、决定和统领的地位,是第一资源。人才在推动经济建设、政治建设、文化建设和社会建设中起着特殊重要的作用。确保中国特色社会主义事业兴旺发达、后继有人,全面建设小康社会,实现社会主义现代化和中华民族伟大复兴的重任,将落在当代大学生肩上。面对知识经济时代,面对崇高历史使命,当代大学生要在努力学习专业知识，提高科学文化素质的同时，努力锻炼和提升自己的思想道德素质，认识社会发展规律，认识国家前途命运，认识自己的社会责任，自觉把个人的人生追求同祖国的前途命运联系起来，确立在中国共产党领导下走中国特色社会主义道路，实现中华民族伟大复兴的理想，从而成为国家的有用之才。

高校管理是学校为实现教育工作的目标，依靠一定的机关和制度，采用一些手段发挥其管理的行政职能，顺利的完成学校布置的工作任务，实现预期目标的组织活动。高校是以教师、学生为主体，承担教学任务、完成必要的科研为主要工作，管理工作就不太为人知了，可是在现实工作中行政管理工作却也是不能缺少的。它是保证高校教学、科研工作顺利进行的必要保障，是高校政策、法规正常运行的根本，是高校得以继续发展的辅助力量。一个民族想要生存和发展，离不开广大人民群众的热爱和奉献。而中华优秀传统文化具有极其丰富的爱国主义精神，人民群众了解和学习中华优秀传统文化，不断关注国家大事，将爱国思想付诸行动，有利于促进民族团结发展。中华优秀传统文化教育是高校乃至全社会的重要任务，要充分发挥学校管理和教育的作用，在管理的过程当中把中华优秀传统文化全方位纳入到文化知识教育、艺术体育教育、社会实践教育各环节，积极推进中华优秀传统文化进教材、进课堂、进头脑"三进"工程，增加教学比重，优化教学内容；针对不同阶段学生的特点和教育教学规律，科学合理地安排教学计划和课程设置，提高中华优秀传统文化的教学效果。同时，充分发挥培育作用，利用学生对新鲜事物的好奇心和求知欲，有效地将中华优秀传统文化运用到高校学生管理工作中，使学生在受外界思想影响时能够保持正确的判断力，不被落后和错误思想的侵蚀。高校学生在学习优秀传统文化时，能够激起其爱国情怀，并将爱国主义思想落实到实践当中，促使其在工作上、学习上都能将国家和人民放在心中。

第三节 中华传统文化融入大学生的日常生活的途径

一、充分利用传统节日

每个民族的传统节日都有其独特的文化历史背景，它对学生的教育意义深远，其历史也值得我们去慢慢品味。因此，在课堂教学中，教师要注重每个传统节日，并围绕节日背后的人文故事和深层次的元素，进行多种形式的教学活动，使学生逐渐认识到中华优秀传统文化，丰富他们的心灵，培养他们的情感。

比如端午节，教师要充分运用本地教育元素，根据当地的具体情况，举办赛龙舟、包粽子等文化活动。在开展这种文化活动时，教师要问清楚为什么有这样的活动，以及这些活动的来源。在这个时候，因为有组织的活动，学生会很主动地回答教师的提问。有同学说，端午节是为了纪念楚国屈原。屈原听说楚国灭亡了，悲痛欲绝，自沉于汨罗江。同时，教师也可以给同学们播放关于那段历史的录像，让他们进一步了解那段历史，了解节庆背后的缘由，并逐渐培养他们的爱国意识。

又如清明节，教师可以组织同学们去祭奠革命烈士。教师可以在祭奠前，先让同学们了解一下近代历史中百姓的苦难，让他们了解到，正是因为革命烈士的牺牲，才有了今天的美好生活。此时的同学们将会对扫墓活动有更深刻的反思，知道如何去珍惜来之不易的美好生活。

其实每个传统节日的背后都蕴含着丰富的人本主义价值观，但以往学校忽视了传统节日对学生文化和人文情感的渗透，而是用长篇大论的方式来引导学生，最后产生的效果不尽如人意。因此，教师应充分发挥传统节日的教育功能，积极推进高校学生管理制度改革，使学校德育工作进入一个崭新的阶段。

二、组织文化实践活动

中华优秀传统文化渗透人们日常生活的各个方面，因此，教师可以充分发挥其优势，引导学生主动参与中华优秀传统文化的实践，并在实践中逐渐建立起对国家的情感认识。同时，在教学过程中要注意培养学生的兴趣，以达到教学和趣味相结合的目的。这既是对学生的一种教育，也是对中华优秀传统文化中人文精神的一种体现。

教师在组织教学活动时，可以选择有道德教育意义的传统文学形式，例如进行书法竞赛。通过这种方式，学生可以加深对经典的理解，从而使学生的心态变得更加平和，达到自我修养的目的。

戏曲是中华传统文化的一种重要载体。教师可以从学生的性格出发，选择适合他们的戏剧主题，使他们能更好地理解和欣赏这种艺术形式。在演出结束后，可以安排同学们进行角色扮演，使他们能够通过自己的表演来了解剧中所传达的教育理念。这种教学活动可以使学生更加直观地感受到中华优秀传统文化所蕴含的教育价值和优良思想，从而进一步弘扬和传承中华优秀传统文化。

三、引导学生诵读传统典籍

传统文学不仅是中华优秀传统文化的一种表现，而且是一种最直观的表现。中华优秀传统文化直接影响着中国人的价值观。因此，在把中华优秀传统文化引入课堂教学中时，就更有必要把这些经典文学作品介绍给学生们。通过阅读和学习这些经典作品，学生可以更好地了解中华优秀传统文化。因此，要不断地拓宽学生的阅读途径，通过组织互助会、互访等方式，将优秀的德育价值观渗透到学生的管理之中，从而提升学生的思想品德。

教师可以把中华优秀传统文化和学生的学习状况相结合，通过读书竞赛等方式，逐渐加深他们对中华优秀传统文化的认识。比如《论语》，教师可以在课堂上给学生一些自由，让他们提出自己的观点、发表自己的看法。同时，教师和学生也可以在教学中开展互动，互相推介中华优秀传统文化经典作品。比如古诗，教师可以让学生诵读经典，然后根据自己的理解，把古诗写成剧本。通过多种形式的学习，学生能够对中华优秀传统文化进行全方位的反思，并在日常生活中对自己的言行进行持续的规范。

四、营造中华优秀传统文化氛围

结合中华优秀传统文化的运用，创造高效管理工作需要为学生建立良好的文化氛围。作为学生在校期间的生活管理者与学习引导者，老师对于学生的管理工作来讲具有重要影响意义。因此，需要老师重视高校学生管理中的中华优秀传统文化氛围建设，协助高校进一步提升管理工作效率的同时，也能够促进学生道德品质建设。学生在高校当中最主要的事是文化知识的汲取。因此，结合中华优秀传统文化构建高校管理工作，需要建立较为浓厚的学术氛围，积极培养学生对于中华优秀传统文化内涵的学习热情，营造良好的学术环境。

在现代化的教育环境当中，先进的网络媒体等新鲜事物容易吸引学生的注意力，分散了学生对于传统文化的学习热情，这就需要老师提高自身的教学管理水平，为学生构建更为丰富的学术氛围，提高学生对于中华优秀传统文化学习的积极性，帮助学生意识到中华优秀传统文化的趣味性及学习的重要性。例如，在班级当中可以开展以传统文化为主题的班会活动，组织学生以不同的历史名人进行角色扮演，以服装与化妆的形式生动描绘每一个历史人物角色，通过历史重演的方式，让每一个学生结合相应的角色人物，讲述各个人物经历不同的历史时期所承载的文化内涵。大学生的文化基础相对充实。因此，建立在这样的文化沟通场景当中，促使班会内容更加新奇有趣，更能够激发学生的活动热情，并营造更具历史内涵的传统文化学习氛围。

除此之外，在类似的中华优秀传统文化氛围当中同样也能够促进人际交往，这也是高校学生管理中的重点建设内容。在高校当中复杂的人际关系涉及众多主体，如师生之间或是同学之间，在中华优秀传统文化当中，更是针对于人际交往，阐述了崇尚诚信仁义的理念，强调重民本、求大同，促进学生在老师构建的中华优秀传统文化活动当中进行人际交往，能够体现出平等尊重的和谐文明环境，促使学生之间团结友爱，互帮互助，构建更为高效的中华优秀传统文化运用下的学生管理工作。

老师在管理学生的日常生活、学习过程当中，通过讲述中华优秀传统文化中的诚信友善事例能够缓和人际关系中存在的矛盾，妥善处理师生之间的问题，通过一系列的调节活动，在学生管理当中，能够促进学生树立和谐友爱的人际关系，进一步构建良好的育人环境。讲求人言为信，重视学生的道德规范，同样也符合我国现代化教育结合社会主义核心价值观中的道德规范建设，进一步实现学生文化素养与道德素质的全面提高，从而有效体现中华优秀传统文化在高校学生管理中的运用。

五、中华优秀传统文化活动建设

除了在高校当中结合中华优秀传统文化构建学生管理的文化氛围，同时也需要注重高校学生管理的课外文化活动实践。提高学生管理工作效率与质量的重要途径之一就是中华传统文化的学习与探讨，进而实现学生管理与文化建设的相互渗透。老师可以组织学生开展传统文化课外实践活动，在周末或假期带领学生游览城市中的传统历史文化景点，帮助学生快速了解城市发展历史，并且在这一过程当中，突出历史发展进程中的文化内涵与文化背景，开阔学生视野的同时，为学生积累更加丰富的文化知识，同时也能够有效降低学生在现代化社会环境当中对于电脑、网络等电子产品的使用，在中华优秀传统文化当中，更加注重尊重自然，尊重生命，形成良好的价值观与世界观的培养。

学校应积极组织开展各种丰富的传统文化趣味活动，让更多的学生在参与活动过程中更好地感受到传统文化本身的魅力，发挥社区图书馆、大学图书馆怡情养志的作用，鼓励年轻人多读书、读好书，从而让学生在不经意间自我加强对传统文化认同感。基于目前高校在传统文化活动力度不够的前提下，高校应努力通过开展趣味活动的方式来弥补这一缺点。具体形式可以以下几种方式为主。第一种为趣味知识竞赛，以全校学生为基础开展相关的比赛，鼓励学校每位同学都参与到知识竞赛的活动之中，并设立让人们"眼馋"的奖项，鼓励更多同学积极参与并获得更好地成绩。第二种形式是以文化长廊的形式开展相关的展览活动，通过让同学们在课余时间参观更多的传统文化作品的形式丰富他们对传统文化的视野，提升学生们对传统文化的认知程度，从而提升学生对传统文化的认同感。

作为中华优秀传统文化的核心价值观，敬畏自然、敬畏生命，同样也是中华文化的深度觉醒，同样也能够体现在高校学生管理中，培养学生的辩证思维意识，老师可以组织学生参加爱心捐赠、公益劳动、志愿服务等社会实践活动，进一步培养学生乐于助人，善良仁爱的道德品质。老师同样也可以借助现代化的多媒体智能手段，构建出更加创新的中华优秀传统文化活动建设，在有规划组织的实践活动当中，通过多媒体播放继承我国中华优秀传统文化的电影、纪录片等视频内容，进一步感化学生领悟中华优秀传统文化当中的精神美德，更好地成为新时代弘扬中华优秀传统文化的践行者。

中华优秀传统文化活动的建设，作为学生课外活动的主要建设内容，大学生在丰富的校园文化活动当中，能够更加轻松地得到观念上的引导，不仅能够培养学生树立正确的三观，同时也能够促进学生专业能力与文化素养的同步提高。尤其是在现阶段，学校普遍以立德树人为创办理念，在校园当中开展形式多样且积极向上的校园文化活动，能够帮助学生更好地了解中华优秀传统文化。例如，举办传统节日的诗歌朗诵、歌唱比赛或是传统文化当中的剧目表演等，鼓励学生参观传统文化展览或参与中华传统文化知识竞赛等。在高校社团的组织发展当中，老师需要结合学生的个性特点，指导帮助学生的文化社团活动，丰富学生的生活学习的同时，也能够在文化活动当中运用中华优秀传统文化，从而促进学生心理健康以及综合素质的发展，开展多样化的文化社团，涉及中华优秀传统文化的各个领域，丰富学生文化知识储备的同时，进一步挖掘学生的潜力，从而实现高校学生管理工作与中华优秀传统文化的互相提升。

六、拓展中华优秀传统文化宣传渠道

文化宣传是实现文化认同的关键环节，对于任何一类传统文化的传承与传播来讲，都需要学生用更多的时间去了解和熟悉它。在大学生思想政治教育过程中，通过将传统文化创造性转化、创新性发展，让传统文化的优秀基因更好地涵养师生心灵，增强大学生对中华优秀传统文化的高度认同和适应。因此搭建一个完整的、丰富的文化宣传平台将对更好地促进传统文化的宣传工作有很大的促进作用。搭建多元文化宣传平台的途径有很多，集中表现在以下几个方面。

首先，搭建传统文化网络平台。学校应积极组织老师建立一个属于自己学校的传统文化宣传网站，并找专人定期维护。网站中应将中国传统文化的相关内容囊括其中，并定期更新，让更多的大学生能够在网站中提升对传统文化的认知程度，从而不断加深他们对传统文化的认知程度。

其次，建立传统文化宣传栏，在校园的特定位置设立一个专门的传统文化宣传区域，通过展板的方式传播传统文化，并定期开展传统文化知识宣讲工作，让更多的大学生参与到其中。

再次，组建一个传播传统文化的学生队伍，发挥榜样作用，让更多大学生了解到传统文化的价值和对保护传统文化的重要性，从而逐渐引导学生形成传统文化认同感。

最后，通过多元化媒体的方式丰富传统文化的宣传途径，努力通过线上、线下、音频、视频等多种途径宣传传统文化，让在不同角落的学生都能了解传统文化，才能促进大学生对传统文化的多方位的了解。

在高校学生管理工作过程当中，运用中华优秀传统文化，其主要的宣传媒介

就是借助于现代化的新兴媒体,能够实现更加广泛的宣传途径,拓展原有的宣传渠道,促使中华优秀传统文化能够在学生管理过程当中形成更加良好的运用效果。这样不仅能够促使学生在全面化的宣传效果下接受传统文化的感染熏陶,同时也能够接受社会更加丰富的知识信息,达到综合发展效果。随着现代化发展进程的来临,信息技术在社会的方方面面中都能够有所应用,而在大学校园当中,更是被网络媒体渗透在各个角落当中,大学生的日常生活与学习离不开网络技术的应用,因此高校的学生管理人员应该重点掌握大学生的网络媒介应用,在这一过程当中,全面运用中华优秀传统文化。

高校可以结合各个院校不同的专业教学内容以及教学特点,开发独立的网络应用媒介或是板块,例如,开发微信公众号或微博讨论平台等,在这样的网络媒介当中,传播大量的中华优秀传统文化,促使网络宣传与传统文化二者深入融合,需要学校能够打造具有优秀传统文化特色的校园网络平台,在这样的网络宣传平台当中,运用传统文化,促使各个专业的学生都能够听得见、看得着,并在这样的优秀传统文化运用过程当中使学生感到自豪与骄傲。或是在高校的校园广播电台迎来每一个传统节假日之前,播放相关历史故事与名人典故等,例如,在端午节放假之前,由学校广播电台播放有关于屈原的历史人物背景与人物故事,促使学生在潜移默化的过程当中,将传统文化印刻在脑海当中。也可以结合时下热点传统文化内容开展远程网络宣传,利用云端网络使用效果,促使学生在网络媒介的学习或是应用过程当中,能够潜移默化地接受中华优秀传统文化的渗透。同时,在这一过程当中,需要高校管理人员能够注重到互联网平台的受众面,全面发挥其影响力,加强中华优秀传统文化的宣传,做好各个层面的传承与弘扬,帮助大学生更加快速且便捷地了解中华优秀传统文化背后的含义。同时,也需要保障在纷繁的网络世界当中,避免各种不良信息对大学生的文化意识产生影响与冲击,牢牢把握网络渗透阵地,维持风清气正的环境。

在社会主义市场经济环境下,对于高校学生来讲,多元化的思想观念冲击了大学生的价值观念,因此为了有效提高高校的学生管理工作,符合国家建设的社会主义核心价值观下的教育发展理念,需要结合中华优秀传统文化,构建文化氛围,才能够培养高素质的综合型人才。

综上所述,高校大学生的培养目标与普通中学的教育目标存在差异。在新时代背景下，教师需要积极对学生的管理方式进行创新，将中华优秀传统文化中的精髓渗透进去，把中华优秀传统文化融入学生的日常管理中，挖掘学生的个性，通过合理有效的教育方法切实保证学生身心健康成长。

第四章 传统文化在大学生管理工作中的应用

第一节 "以人为本"的管理理念

党的十六届三中全会提出:"坚持以人为本,树立全面、协调、可持续的发展观,促进经济社会和人的全面发展。"这是对马克思主义全面发展理论的继承和发展。

以人为本作为发展的最高价值取向被明确下来,管理的根本在于人,要做到对人尊重、关心和理解,不断满足人的全面需求,促进人的全面发展。

在高校的管理中,高校的思想政治教育工作的指导思想也要以人为本。"人"是多元的,在高校的环境中,人不仅包括学校的学生和教师,还包括领导、教职工家属、社区群众等,学校的管理质量受到这些人的影响。在师生关系中,学生永远都是教学的第一位,要坚持以学生为本,学生得到尊重,才能形成正确的世界观、人生观和价值观。新课程改革中,要以"一切为了学生的发展"作为最高的宗旨和核心的理念。在实际的教学实践中,每一个学生都同样重要,教师要对所有学生一视同仁,关注每一个学生,对学生的情绪和情感体验也要加强关注,更要将学生的道德和人格的养成放在重要位置,让学生成长为一个全面发展的人。教师的直接服务对象是学生,这一点一定要明确,因为学校的可持续健康发展受到学生的直接影响。教师要树立正确的学生观,引导学生进一步提升他们的素质,使高校拥有更加广阔的发展前景。为了这个目标,学校需要从两方面开展工作。

一、要解决好学生的基本需要

马斯洛的需求层次理论将人的需求分为五种,这五种需求就像阶梯一样从低到高排列,分别是生理上的需求、安全上的需求、情感和归属的需求、尊重的需求、自我实现的需求。解决学生的生理需求和安全需求就需要学校建立起完善的后勤保障制度，让每个学生拥有均等的学习和生活的机会，这就完成了学生基本的生活保障。要将安全稳定工作放在重要位置，这是所有工作中最重要的。

一是进一步巩固长效联动机制。坚持"大预防、严管控、强治本、突重点、保平安"的工作方针，即对重大事件严防死守，杜绝恶性事件发生，形成多部门联动机制，将管理部门和执行部门的工作效率提高。与公安机关加强协作，共同制订校园治安综合治理专项行动方案，维护学校的和谐稳定。

二是注重工作基础，对学校进行规范化管理。要根据学校的实际情况，对管理的制度和条例进行完善，并做好工作预案，坚持"谁主管谁负责"的原则，将安全工作的每一项责任落实到每一个部门和负责人身上，学校的各个部门上下协作，形成安全保障工作的合力。

三是深入开展校园治安综合治理。根据主管部门对教育系统安全工作的规定，对学校的每一项安全工作都要检查到位，不论是消防、交通还是饮食卫生以及治安等，都要定期检查和维护，定期对学校开展"拉网式"安全大检查，将安全隐患早日排除。

四是增强政治敏感性。将学校的信息员队伍进行健全完善，补充人员，对学生的思想动态要及时掌握。对学校的网络加强监管，对学生的开网情况要及时掌握。要增强信息人员的政治敏感性，对突发的状况和事件要有紧急预案，面对突发事件能有序安排。

当代大学生大部分是独生子女，在生活上和情感上还不够成熟。初入大学，脱离了父母的掌控，对金钱也有了支配权，就很容易陷入消费的误区，养成盲目攀比的消费观。

为了解决大学生在消费观念和行为上的问题，让他们养成良好的消费观，高校要给予更多的关心，尤其是和大学生关系最近的辅导员，在关心学生安全和学习问题的同时还应该关心学生的生活，安排合理的时间给学生开设理财性质的选修课程，借助课程给学生传授消费知识和理财知识，帮助学生改掉奢侈浪费的消费观念，养成理性的正确的消费观，对那些拜金主义和享乐主义要及时抵制。辅导员要对学生的消费动态进行了解，如果发现学生有不良的消费行为要及时和家长沟通，学校和家长合作能帮助学生养成良好的消费习惯。家长也有责任和义务控制子女的花销，纠正他们错误的消费理念。

大学生大部分已经是成年人，除了具有各种求知欲之外，也有了一定的社会需求，在高校教育过程中要认识到，虽然学生是被教育者，但是他们的人格尊严和教育者是平等的，不能轻视。只有让教育者和学生建立起平等的人格关系，以学生为本，才能强化教育者和学生彼此的信任感。当代的学生更加追求个性，也有强烈的个人自尊，如果教育者还是按照传统的教育方式来教训学生，很可能起到不好的作用，还会激起学生的逆反心理，教育的效果也会受到不良影响。只有将学生放在重要位置，尊重他们的人格，引导他们的个性发展向着社会共性需求进行过渡，才能起到良好的教育作用。

在经济全球化发展的形势下，努力成才已成为当代大学生思想的关注点，也是青年学生普遍关心的热点问题。现在的大学生对自我成才、自我价值实现的渴望与追求越来越强，具有鲜明的时代特点。高校思想政治教育应把鼓励青年学生立志成才与报效祖国结合起来，不断加强对青年学生思想规律的认识，紧紧围绕青年学生关心的热点、疑点、难点和重点问题，多渠道、有计划、有步骤地开展思想政治工作，把解决思想问题与解决实际问题结合起来，同时也要与青年学生的成才需要相结合，使他们真正适应社会的需要。

建立科学的教学机制有多方面的作用，不仅可以让大学生参与课堂教学，关注社会热点问题，还可以在课堂上讨论、辩论或者进行情景模拟。教师也可以让学生走出课堂，到社会上参与实践，进行志愿活动。学生应积极参与校园的文化建设，参加各种主题活动等，在实践中发挥自己的主动性和能动性，学会分析问题和解决问题的方法，并对问题进行正确判断和选择。大学生在不断的实践过程中会逐渐成熟，对社会的适应性增强。教师对学生的需求要时刻关心，如果大学生并不需要或者不关注的事情和事务就不要强制学生去做；要将学生的利益放在重要位置，关注学生真正关心的事物，把握他们的真实需求。对于学生的教育方式有多种多样，一定要采用学生喜闻乐见的、乐于接受的方式来开展工作。

二、解决好学生的高层次需要

高层次的需要包括情感和归属的需求、尊重的需求、自我实现的需求。为了更好地掌握大学生的心理，针对这几个层面的需求在学生中开展问卷调查，通过调查了解，80%以上刚刚进入大学校园的学生世界观、人生观和价值观还没有完全形成，加上社会上各种形形色色的诱惑，心中的困惑和迷茫特别多，不知该与谁沟通、如何解决问题。

对问题的解决不能急于求成，首先要将重点放在教育者的观念转变上，对传统的教育模式一定要改变，不能面对学生板着面孔、居高临下，不能总是以"家长"的身份要求学生，对学生说教、强制。要学会以学生为中心，适应新时代的要求。把人本理念反映到教育实践中来，力求做到师生换位思考，对学生进行多方面培养，鼓励和促使他们不断提高学习的能力，同时在就业方面给予指导意见和建议，帮助他们提供就业信息和渠道。还要对学生进行讲座和实践等培训，通过这些形式对学生进行知识传输。

只有让学生从心中感受到自己的被认同和价值所在，他们才能更好地以饱满的精神和忘我的态度投入校园建设中，才能体现出学校的发展是依靠学生、发展是为了学生和发展成果由学生享有的发展理念。

近年来，全国各个高校在制定和推行学生工作章程时，不仅明确了学生与学校的关系，而且更加关注学生的权利，即学生应具有获取知识、选择专业、选择教师和安全保障等权利；提出了学校要不断完善自身的培养模式，要贯彻以人为本的教育思想；教育方法应适应学生发展的需求。从高校学生管理工作的角度进一步加强对学生的教育、管理、指导和服务，努力为学生的健康成长和全面发展创造条件、营造氛围。

特别是辅导员队伍，应创新人才培养模式，从情感入手，坚持用爱心、真心和高度的责任心与广大同学平等相处，真诚相待，在琐碎的日常事务管理工作中，要热爱学生，尊重学生，用自己的真情实感与学生们保持"零距离"接触，形成真挚的情感交流与共鸣。在以人为本的思想指导下，通过耐心细致的工作才能激发学生的主动性和创造性。

第二节 "因材施教"的管理方针

早在2000多年前，孔子便在实践教学中提出了个性化教学方法。孔子之所以提出个性化教学方法，主要是由于在那个年代教学不受时间的限制。但是在现实情况下，一些教育者认为学生接受教育是理所当然的事情，为此在教学过程中并未结合学生的个性化特点。随着时代的发展，大学生的个性愈发明显，这就给当代教育者的教学提出了更高的要求，应加强对大学生个性化特点的研究，深入挖掘受教育者的潜能，并在实际教学中结合学生的实际情况，调动他们学习的积极性和主动性。

我们应从本质上理解"施教"的含义，它并不是单纯传授理论知识，而是通过教学教会学生如何学习，同时在教学中引导学生在学习中有所感悟，进而挖掘自身的潜能。从具体上来讲，在教学中开展因材施教可以从以下几个方面出发：

第一，进行课程结构改革，我们有必要结合不同的课程门类，让每个学生都可以得到全面的教育。此外，在教学中也要结合学生的发展需求，针对不同的学生开设不同的课程组合，从而建立起适合学生个体发展的新的课程结构体系。

第二，为了更好地促进学生个性化的发展，还需要改革教学形式，有目的、有计划地开展分层次教学。分层次教学的具体实施可以分为基础教育阶段和专业教育阶段。首先，在基础教育阶段开展数学、英语、计算机等分层次教学，让不同层次水平的大学生可以找到适合自己的发展途径。其次，在专业教育阶段开展分类指导工作，结合大学生的发展目标，帮助他们构建自己的知识结构体系。另外，在实际教学中也要加强实践教学的开展，着重培养大学生的实践能力，实施"先习后学、边教边练、学做结合、专业综合、全面发展、职业培训的教学模式"，突出案例教学，激发他们的学习兴趣。建立创新实验室，强化工程训练；实行宽口径培养，允许学生跨类辅修专业，拓宽学生的知识面，增强就业竞争力，以保证每个学生都得到充分的发展。

第三，加强与学生的交流，把握学生的思想动态。通过这样的方式可以及时掌握学生在学习中存在的问题，并结合学生的实际需求，开展有计划的教学活动。

第四，结合学生的个体情况，制订教学培养计划。从具体上来讲，高校教育者在教学过程中可以通过定期开展座谈会、发放调查问卷的方式了解学生对课程安排的需求，并针对学生所提出的问题制订教学计划，从而提升学生的综合能力。同时，还要坚持"把原则的坚定性和策略的灵活性相结合"的原则，在将学生考试分数作为衡量手段加以判别的基础上，更应该预测到他们的能力尤其是可塑力。只有这样，才能实现人尽其才、才尽其用。除此之外，高校教师还应积极向学校推荐人才，同时鼓励学生利用自己所学的专业知识为学校做贡献，而学校根据学生对学校做出的贡献，给予相应的物质、精神奖励，这样才能保证为学校输送大批的人才。

随着我国市场经济的不断深入发展，就业制度的不断改善和社会竞争的日趋激烈，社会对人才的需求呈现出多元化的趋势。对于大学生而言，他们将面临更大的挑战和压力，在情绪和理智之间无法做出正确的选择，甚至产生出不同程度的心理问题或心理障碍。为此，在这种新形势背景下，高校的学生管理工作需要在全面了解学生家庭背景、成长环境、性格特点的基础上因材施教，促进学生健康成长成才。

一、以"因材施教"为理论依托，为学生管理工作奠定思想基础

学生与生俱来就不相同，他们既没有相同的心理倾向，也没有完全相同的智力水平，他们有的只是自己的个性特点。所以，开展学生管理工作的基础是树立正确的学生观，特别是要以"因材施教"为理论依托。"因材施教"的教育思想要求教师在教学中要做到"不愤不启，不悱不发"，充分调动学生学习的主动性和积极性，注意发展每个学生的个性特长，要视其所以，观其所由，察其所安。唯有如此，才能使学生各自都能获得属于自己的教育效果。

当学生走进大学校门的时候是喜悦，但是进入高校之后，他们会进入一种放松的状态，进而出现一些不良的现象。为此，学校在进行学生管理的时候，必须结合学生的实际情况，即尊重学生的主体性、差异性、丰富性和独特性。在教育过程中，不应该把学生放在一个统一标准上来进行衡量比较。相反，应当认识到不同类型的学生有不同的特点，不断调整自己的教育方法，反对用统一要求和制度来规范所有学生，以抹煞了学生的个性。

二、全面了解学生，是开展学生管理工作的必要条件

现代高校管理不仅是管理，而且是艺术。针对当前高校实际管理过程中存在的缺点和不足，需要将知识与智慧集结加以运用。华夏五千年文明传承至今，融入了许多政治和经济内涵以及哲学与道德规范，对现代高校教育方面的管理影响深远，同时在实际管理中发挥了重要作用。

只有全面了解学生才能避免在今后学生管理工作中出现错误，才会在工作中

能够及时正确的判断，保证学生管理工作的客观公正性。例如，辅导员在入校前通过查看学生中学阶段的档案，对他们情况有所初步了解。在学生入校后，需要通过老师、宿舍成员、班级学生等不同途径对学生进行全面了解，从而可以将学生划分为三种类型：勤奋好学型，强调学习为第一使命的学生；组织管理型，热衷于班级、院系工作的学生干部；碌碌无为型，没有目标，无所事事的学生。辅导员在此基础上才能有针对性的开展学生工作。同时，在对学生了解过程中，必须注意避免出现单凭某一现象而做出片面性，应该做到听其言而观其行，"退而省其私"，要对其的行为的全过程进行考察。

三、制定各具特色的班级管理计划，提高学生管理的因材施教有效性

中华优秀传统文化的传承和弘扬贵在知行合一，而知是前提和基础，只有内心真正认同并自觉践行才能达到学思践悟的效果。因而要让人们深入了解中华优秀传统文化的内涵和精神，感受其对个人、社会和国家的积极影响，就必须加强对中华优秀传统文化的宣传教育与普及，增强人们的认知和认同，这是当前所面临的重大历史责任和时代要求，也是提升中华民族文化自信、推动中华文化传播、实现中华民族伟大复兴的必由之路。随着经济发展呈现全球化的趋势，国内与国外的文化领域不断进行交流，使国内文化知识呈现多样化特点，新的思想和事物会激发学生的广泛兴趣。在此背景下，将中华优秀传统文化运用到高校学生管理工作中的管理方式会出现很大的困难，虽然也会以传统文化为基础，开展教育和管理，但是依旧存在管理和教育方式的单一、效率低下的问题，导致在学生管理工作中运用中华优秀传统文化的效果不佳。为了更好促进学生发展，应该做到以下几点。

首先，实现班级民主管理。所谓民主管理指的是师生之间是一种组织与自我组织的民主关系，改变传统上的学生一味接受管理的被动局面，充分体现学生作为主体的作用，使得学生能够真正参与到班级管理过程之中。在这种班级民主管理下，辅导员或班主任对班级出现的问题不会是一味地强调学生失误和施以惩罚，而是要通过与学生的沟通中寻找出问题所在，从管理体制上找出问题根源，使学生从传统的被管理者的体制下释放出来，成为管理者、被服务者。而作为学生，

他们不再被动的接受管理，而是积极地参与其中，行使民主权力，真正的成为管理民主的受益者，这既是高校适应市场竞争的外在需要，也是培养学生独立自主，适应市场对当代高职学生的内在要求。

其次，根据专业不同而形成不同特点的良好学风。学风是能够展示一个班级的整体风貌，为此，将专业与学风结合起来更是做好班级管理的重要保障。例如，从事教育工作的学生，除了加强她们的教育理论知识学习以外，特别注重教学基本能力训练，如普通话、粉笔字、讲课等方面。同时，为她们搭建才艺展示平台，如大学生外在形象设计、朗诵比赛、演讲比赛、辩论赛等。

再次，在进行班级管理中必须建立一支得力的学生干部队伍。学生干部是学生中的先进分子，是班级团结、稳定、发展的重要因素。抓好学生干部队伍建设是教师和学生之间建立畅通信息渠道，保证班级稳定和学生工作高效有序进行的基础。在学生干部队伍建设中，要做到权力分担、责任分解、责任落实到个人、辅导员负责监督和抽查。所以，为了使她们明晰职责，班级要制定了《学生干部岗位职责》；为了能够调动学生干部的积极性，建立激励机制，增强责任心，班级要制定了《学生干部考核办法》；为了提高学生干部工作能力，辅导员对学生干部必须进行培训，有必要将自己系部的发展情况和学生实际等情况向她们做以介绍，使她们在思想上与系部保持一致。而且，辅导员在和学生干部的谈话与座谈中，要从正反两方面介绍真实的学生干部事例，使她们对学生干部工作有一个初步的认识和了解，从具体事例中得到启发。这样不仅锻炼了她们的能力，使其更好地为学生们服务，还加强和提高了级队的整体凝聚力，为学生营造了良好的班级文化氛围。

最后，关爱尊重学生，营造和谐的师生关系，利于进行班级管理。高职学生群体是一个趋于成熟但尚未完全成熟的群体，她们承认要兼顾集体、个人利益，但在内心深处更注重个人利益的实现和保障；她们对教师的教诲即信服又怀疑。为此，辅导员对他们的关爱尊重，必然会引起学生对老师情感和心理上的共鸣，视教师为朋友。所以，要求教师在人格上视学生为一个真的人，一个"成人"，充分尊重学生作为社会人所应享有的权利，尊重学生的差异性和独立性，反对绝对服从。从而营造出和谐的师生关系，让学生享受着作为班级一份子所带来的快乐，并在快乐中得到成长。

四、制定属于学生自己的培养计划，促进学生全面发展

孔子通过与学生接触，观察其行为，深刻知道学生的道德面貌、性格特征，且能准确扼要的做出鉴定评价，如柴也愚，参也鲁，师也辟，由也彦。由此，实际出发，按照不同标准进行分类，有的放矢针对学生进行了培养，最终，孔子培养出四科十哲，这些杰出的人才，正是孔子实行因材施教的结果。

所以，对学生区分教育层次，制定相对应的培养计划，让不同层次的学生都能得到发展。把学生拟分为四个种类型：即根据学生性别划分为男生群体与女生群体；根据学生日常学习情况划分为优秀生、中间生、后进生三个教育层次；根据学生生活情况和日常行为习惯，将其分为学生干部、特困生群体、网游群体、恋爱群体四个教育层次。对于不同的教育层次，充分尊重和满足她们的需要，采用不同的工作方式，指导她们如何学习和如何做人。例如，对于女生而言，基于女性的特点，鼓励学生选修一些女性教育的课程；对于优秀生而言，需要对他们响鼓重捶，定时找他们谈话，使她们不断地给自己提出新的要求，树立更高的目标，对于他们的缺点坦诚相告，以使她们能够得到全面的发展，同时选择恰当的时机给予当众表扬，树立典型，从而成为全校同学的榜样，起到感染、激励、带动的作用，促使其他同学进一步达到自我控制和自我教育。

众所周知，高校教育在教学方法与教学管理形式上与中学教育有明显的区别。大学生来自全国各地，他们在逻辑思维、性格、兴趣爱好以及行为习惯上都有明显的不同，所以，在开展大学生管理工作时，教师应从学生的实际情况出发，充分发挥每一个学生的优点，适时推行"大学生素质拓展计划"，以社团化、基地化、网络化为特点，构建因材施教的特色教学体系，彰显学生个性，提高学生的综合素质。例如，天津大学的素质拓展基地的建设主要是为了促进大学生的个性化发展，它整合了学校社团资源，建成了素质拓展网站，也正是在这个基础上形成了独具特色的因材施教实施体系。

第三节 "无为而治"的管理策略

无为而治是至高的管理境界。它强调的是不运用强制的方式方法进行管理，更加侧重于管理组织的科学性与合理性，并在此基础上通过恰当处理各个方面之

间的关系来达到管理的和谐统一。此外,无为而治也侧重全局管理观念,通过进行层次管理来控制整个组织。现代高校管理模式应采取事务部门的组织结构形式,可以将管理部门划分为多个事务部门,把每个事务部门作为一个独立的实体,独立地实行管理。每一个事务部门又要在其内部采取"金字塔"式的职能管理结构形式,以对自己事务部门内部进行有效的管理。通过二者的结合不仅可以提升整体的集中控制能力。同时也可以提升各个部门的内部管理能力。在这种管理方式下,可以利用最小的领导行为获得最大的管理效果。

一、以"无为"而有为

随着高校教学管理工作的开展,逐渐形成了无为而治的管理思想。例如在开展学生管理工作时,教育管理者一般会采用"寓治于教化之中"的方式来解释"无为而治"的内涵。高校教育管理者在学生日常管理过程中,往往会制定一系列的规章制度,并借助班级建制的功能将这些管理任务分配给班级干部,以此来要求学生按照学校的规章制度办事,自觉约束自己的言行举止,而不是对学生采用强制性的方式,从而为学生创造轻松舒适的学习环境。同时,按照教育的规律,量化管理考核,抓住管理工作中变与不变的关系,管理办法制定不需面面俱到,力求简单明了,便于管理创新有为。逐渐在高校内营造一个大气、自由、个性的教育氛围,同时激发大学生的主人翁意识,进而促进大学生的全面发展。从多年的高校教学实践来看,只有构建和谐的校园环境才能提升高校无为而治教育理念的效果。

二、全方位提升管理能力

众所周知,中华优秀传统文化是中华民族发展历史中的宝贵财富,其中包含了古人大量的管理思想与管理经验,值得高校教育管理工作者借鉴。具体来讲,高校教育管理工作者应当采百家之长,将传统文化的精髓融入高校教育管理工作之中,并找到中华优秀传统文化与高校教育管理工作的结合点。

高校教育管理工作者应充分认识到中华优秀传统文化在高校学生管理工作中的重要性,在开展高校学生管理工作时,始终坚持"以人为本""修身正己""因材施教""无为而治"等管理思想,充分尊重学生的个性化发展,并在学生管理过程中积极调动学生的积极性和主动性，提倡学为人师，为人师表，促进职业道德建设，把外在的约束与道德自律结合起来，建立和谐的师生关系。根据学生的不同特点和爱好，以及每个学生的内在潜能、品德觉悟程度和实际接受能力进行不同内容和方式的教育，采取多种途径、多种方法培养和提高学生的创造力，促进个性发展。高校教育管理工作者在开展学生管理工作时，要坚持"激励为主，处罚为辅"的工作原则，提升学生的荣誉感和自信心。与此同时，教育管理工作者还要加强学生的思想政治教育，激发学生的学习兴趣，促进学生的全面发展。另外，将"服务而非控制"的理念融入高校学生管理工作之中，不断优化高校管理体制，逐渐构建一个全方位、全员育人的教育机制。

自我国改革开放之后，在社会变革的影响下，人们的思维方式逐渐发生了变化，这对人们的生活产生了重大的影响，尤其是对大学生的思想产生了明显的影响。如何做好新时代高校学生管理工作是每一个高校教育管理工作者所要面临的问题。通常情况下，学生管理工作对于高校人才培养具有重要的影响，教育管理工作者需要开展多种形式、多种途径的思想政治教育活动，引导大学生树立正确的世界观、人生观、价值观。

高校教育管理工作者应积极发挥党团组织在学生管理工作中的作用，并在此基础上构建具有中国特色的高校学生管理工作体系。加强高校学生管理工作队伍的建设，不断完善学生管理工作组织机构，同时打造一支受学生欢迎且具有影响力的学生管理队伍。此外，积极开展丰富多彩的校园文化活动，以此为学生营造一个良好的校园环境。除此之外，还要加强校园制度建设，提升依法治校的力度，合理利用学校的规章制度来提升学生管理工作的效率。

现阶段，我国在快速发展的过程中也在不断探索与改革，而我国社会经济的发展与高等教育有着密切的关系。早在2000年，世界银行与联合国教科文组织高等教育与社会特别工作组联合发表了一份报告——《发展中国家的高等教育：危机与出路》。在这个报告中对高校教育的作用进行了明确的阐释。报告在肯定高校教育公益性的基础上指出，大力发展高校教育可以有效促进发展中国家社会经济的发展，并使其迅速摆脱贫穷，同时对个人立足社会也有积极的意义。从某种意义上来讲，这个报告是针对发展中国家提出的一个跨越式发展建议。在进入21世纪之后，我国社会经济发展进入了关键时期，如果想要推动我国社会经济的稳定健康发展，就需要大量的人才作为支撑。高校承担着培养优秀人才的重要任务，所以高校应加强学生管理工作，将中华优秀传统文化融入学生管理工作之中，积极探索中华优秀传统文化与学生管理工作的切合点，让中华优秀传统文化为高校学生管理工作服务。

积极探索中华优秀传统文化与高校学生管理工作的融合符合社会发展的要求，同时对提升高校学生管理工作具有重要的作用。随着高校教育的不断开展，无论是学生管理工作的方式，还是学生管理工作的理念都在不同程度上得到了提升，这样可以为我国社会主义事业的发展培养出一批批优秀的人才，培养具有社会责任感、国际视野和创新精神的高素质人才，为维护学校及社会稳定，打造一个大学生成长成才的支撑平台，进一步推动大学生培养体系全面协调、可持续发展，努力培养德智体美全面发展的中国特色社会主义事业的合格建设者和可靠接班人。

如果想实现中华民族的繁荣昌盛，势必离不开中华文化的繁荣，为此，继承并发扬中华优秀传统文化并不是一种形式，而是对中华优秀传统文化本质与精髓的传承与创新。我们要继承中华民族优秀传统文化，就需要对其内涵有深入的认识，不断揭示中华传统优秀文化中所蕴含的思想，只有在真正掌握中华优秀传统文化内涵的基础上，才能提升其在教育领域的应用效果。

参考文献

[1] 余尧.新媒体时代高校大学生学生管理工作研究[J].淮南职业技术学院学报，2022，22（4）：109-111.

[2] 张希蓓.高校大学生管理工作的探讨与研究[J].才智，2022（23）：106-108.

[3] 范永红.新时代高校大学生的管理问题和对策——评《新时代大学生管理工作的探索与实践路径》[J].中国教育学刊，2022（7）：140.

[4] 张海民.大数据技术下大学生安全管理与预警研究[J].河南科技学院学报，2022，42（8）：78-84.

[5] 王倩倩.辅导员在大学生安全管理工作中的问题及对策[J].高校后勤研究，2022（5）：52-54，57.

[6] 王冀瑶."互联网+"时代大学生教育管理工作创新路径[J].国际公关，2022（8）：123-125.

[7] 李慧鹏，赵晴.新媒体时代高校大学生管理工作新机制探索——评《新时代高校学生管理工作创新研究》[J].中国科技论文，2022，17（4）：473.

[8] 胡震.大学生管理工作的思考与实践[J].教育教学论坛，2012（33）：10-13.

[9] 常乐.高校辅导员对大学生管理工作创新研究[J].黄河·黄土·黄种人，2022（5）：26-27.

[10] 杨宏杨.大学生思想政治教育与管理的工作机制[J].中学政治教学参考，2022（5）：81.

[11] 安扬，段玉石，齐路晶.大学生教育管理工作的创新路径[J].中学政治教学参考，2022（5）：83.

[12] 靳小三，武鹏坤.新时代背景下高校学生管理模式的创新路径——评《新时代大学生管理工作的探索与实践路径》[J].中国科技论文，2022，17（2）：238.

[13] 阿斯卡尔江·司迪克.高校大学生管理工作创新的研究[J].财富时代，2022

（1）：129-131.

[14] 王璨，苗文婷. 新媒体环境下大学生教育管理工作的创新研究——评《新媒体视域下大学生教育管理研究》[J]. 科技管理研究，2022，42（1）：232.

[15] 周建飞. 大数据时代高校大学生管理工作的挑战与应对 [J]. 产业与科技论坛，2022，21（1）：283-284.

[16] 孟菲. 运用中华优秀传统文化推进大学生管理工作 [J]. 文化产业，2021（31）：106-108.

[17] 赵海霞. 互联网＋背景下大学生管理工作的创新 [J]. 文化产业，2021（30）：42-44.

[18] 王华. 高校大学生管理工作创新研究 [J]. 辽宁省交通高等专科学校学报，2021，23（5）：67-69.

[19] 高诗礼. 中华优秀文化与大学生管理工作的融合思考 [J]. 文化产业，2021（28）：125-127.

[20] 许艺林. 当代高校大学生管理工作存在的问题及解决措施 [J]. 才智，2021（20）：106-108.

[21] 卢秋菊. 大学生管理的问题分析与机制创新研究 [J]. 冶金管理，2021（5）：193-194.

[22] 肖媛. 新时代高校学生管理工作探索与创新 [J]. 食品研究与开发，2021，42（2）：237.

[23] 贲志雯，眭国荣. 高校加强大学生情绪管理的意义和实现路径 [J]. 开封文化艺术职业学院学报，2020，40（11）：83-84.

[24] 张萍. 基于网络技术的大学生管理工作新思路——评《高校学生事务管理工作研究与思考》[J]. 中国高校科技，2020（9）：103.

[25] 周培荣. 大学生安全管理存在的问题及解决策略 [J]. 三晋基层治理，2020（1）：88-91.

[26] 张元建. 新媒体环境下大学生管理工作创新研究 [J]. 教育教学论坛，2020（13）：60-61.

[27] 朱宇航. 新时代高校大学生管理工作的新途径——基于"钉钉"的运用 [J]. 福建师大福清分校学报，2018（3）：70-73.

[28] 龙彪.运用中华优秀传统文化推进大学生管理工作[J].校园英语,2017(51):48.

[29] 肖欣伟.基于传统文化下的高校大学生管理工作的思考[J].人才资源开发,2017(4):18-19.

[30] 隋艳.运用中华优秀传统文化推进大学生管理工作[J].经营与管理,2016(4):144-146.